Derechos reservados por:
Evelyn Ortiz Hernández, Ed.D.

Tercera Edición Revisada
2017

Dedicatoria

A MIS TRES SOBRINOS: IAN KARLA, JAN FRANCIS Y JOSHUA LEE POR SU CARIÑO Y SOLIDARIDAD EN LOS MOMENTOS QUE MÁS LOS HE NECESITADO.

Agradecimiento

MI MÁS SINCERO AGRADECIMIENTO AL PROF. JOSÉ COLÓN, AL DR. RAÚL OTERO, A LA DRA. MERCY SOTO Y A LA PROF. EUNICE ESQUILÍN POR SU APOYO INCONDICIONAL PARA LA REALIZACIÓN DE ESTE TRABAJO.

Índice General

PÁGINAS

DEDICATORIA iii
AGRADECIMIENTO iv
ÍNDICE GENERAL v
INTRODUCCIÓN GENERAL 1

MÓDULO I ¿CÓMO REDACTAR EJERCICIOS DE EVALUACIÓN
PARA PRUEBAS OBJETIVAS.? (CIERTO Y FALSO Y LLENA BLANCOS)

    SUB-ÍNDICE 3

    I. INTRODUCCIÓN 4

    II. OBJETIVOS DE APRENDIZAJE 5

    III. PRE-PRUEBA 7

    IV. MATERIALES 13

    V. ACTIVIDADES DE APRENDIZAJE 14

        A. PRIMERA SECCIÓN 14

        B. SEGUNDA SECCIÓN 20

        C. TERCERA SECCIÓN 22

        D. CUARTA SECCIÓN 39

        VI. HOJA DE RESPUESTAS 50

        VII. POST-PRUEBA 61

MÓDULO II ¿CÓMO REDACTAR EJERCICIOS DE EVALUACIÓN
PARA PRUEBAS OBJETIVAS.? (PAREO Y SELECCIÓN MÚLTIPLE)

    SUB-ÍNDICE 68

    I. INTRODUCCIÓN 69

    II. OBJETIVOS DE APRENDIZAJE 71

Índice general

PÁGINAS

III. Pre-prueba 72

IV. Materiales 77

V. Actividades de aprendizaje 78

    A. Primera Sección 78

    B. Segunda Sección 91

    C. Tercera Sección... 113

    D. Cuarta Sección... 120

VI. Hoja de Respuestas 124

VII. Post – prueba 141

Módulo III ¿ Cómo redactar ejercicios de evaluación para Pruebas Subjetivas. ? (Preguntas Directas, Preguntas de discusión para Pruebas de Ensayo)

Sub-índice 148

I. Introducción... 149

II. Objetivos de Aprendizaje... 150

III. Pre-Prueba 151

IV. Materiales 157

Índice General

PÁGINAS

V. Actividades de aprendizaje 158

    A. Primera Sección 158

    B. Segunda Sección 166

    C. Tercera Sección 178

    D. Cuarta Sección 188

VII. Hoja de Respuestas 193

VIII. Post-Prueba 209

Bibliografía 216

Instruccionales

Introducción general

Este libro consiste de tres módulos instruccionales. Es claro que el trabajo de este tipo de estrategia instruccional está fundamentado en la enseñanza individualizada. En ellos se trabajan diversas técnicas para la redacción de ejercicios de evaluación para pruebas objetivas y subjetivas. En cada uno de los módulos se presentan los principios que se deben aplicar para la elaboración de los ítemes que se utilizan en los ejercicios de evaluación.

En el Módulo I, el estudiante aprenderá a elaborar los ítemes de cierto y falso y el de llena blancos. En el módulo II aprenderá a elaborar los ítemes de pareo y de selección múltiple.

En el Módulo III conocerá los principios para elaborar o redactar el ejercicio de evaluación para pruebas subjetivas. Aprenderá a redactar las preguntas de discusión o de ensayo y, además, a cómo corregirlas de un manera justa y más objetiva.

¿ CÓMO REDACTAR EJERCICIOS DE EVALUACIÓN PARA PRUEBAS OBJETIVAS ?

• CIERTO Y FALSO

• LLENA BLANCOS

SUB-ÍNDICE

PÁGINAS

MÓDULO I ¿CÓMO REDACTAR EJERCICIOS DE EVALUACIÓN
PARA PRUEBAS OBJETIVAS. ? (CIERTO Y FALSO Y LLENA BLANCOS)

- I. INTRODUCCIÓN 4
- II. OBJETIVOS DE APRENDIZAJE 5
- III. PRE-PRUEBA 7
- IV. MATERIALES 13
- V. ACTIVIDADES.. 14
  - A. PRIMERA SECCIÓN 14
  - B. SEGUNDA SECCIÓN 20
  - C. TERCERA SECCIÓN 22
  - D. CUARTA SECCIÓN 39
- VI. HOJA DE RESPUESTAS 50
- VII. POST-PRUEBA 61

I. Introducción

Mediante este módulo instruccional, tendrás la oportunidad de aprender a cómo hacer ejercicios de pruebas objetivas, tales como: el cierto y falso y el llena blancos. El mismo es una lección escrita para que la trabajes individualmente y para que puedas saber qué hacer al elaborar los ejercicios de prueba.

Este Módulo I consiste de:

I.	Introducción	
II.	Objetivos de aprendizaje	
III.	Pre-prueba	
IV.	Materiales	
V.	Actividades de aprendizaje	
	Primera Sección	
	Segunda Sección	
	Tercera Sección	
	Cuarta Sección	
VI.	Hoja de Respuestas	
VII.	Post-Prueba	

II. Objetivos de aprendizaje

¡Saludos amigo!

En esta parte encontrarás los objetivos operacionales y el propósito que persigue el estudio de este módulo. Cuando leas los objetivos, comprenderás lo que puedes aprender al finalizar el estudio.

Después de estudiar el módulo:

- A. distinguirás la diferencia entre pruebas objetivas y pruebas subjetivas.

- B. reconocerás la importancia de redactar correctamente los ejercicios de pruebas objetivas.

- C. enumerarás los principios básicos en la elaboración de los siguientes ejercicios:
    1. cierto y falso
    2. llena blancos

- D. señalarás las ventajas y desventajas de cada uno de los ejercicios de pruebas objetivas.

- E. evaluarás un examen de cualquier materia.

Instruccional 1

Instruccional

III. Pre-Prueba

A través de esta pre-prueba podrás determinar cuánto y qué sabes sobre la lección que vas a estudiar. Demostrarás si conoces cómo elaborar ejercicios de pruebas objetivas; por lo tanto, la misma no va a ser calificada. Lee cada oración y selecciona la alternativa que mejor complete el sentido de la misma.

A. Escoge la mejor contestación (10 puntos).

1. El cierto y falso (1), el llena blanco (2), el pareo (3) y la selección múltiple (4) son los cuatro:

   a. ejercicios de evaluación de pruebas subjetivas.
   b. ejercicios de evaluación de pruebas objetivas.
   c. grupos de pruebas objetivas.
   d. grupos de pruebas subjetivas.

2. Lo que distingue las pruebas objetivas de las subjetivas, es que en las:

   a. primeras, el examinador no interviene en la elaboración y corrección de la prueba con sus opiniones.
   b. primeras, el examinador y el examinado no intervienen en ningún momento con sus opiniones.
   c. segundas, el examinador y el examinado no intervienen en ningún momento con sus opiniones.
   d. segundas, el examinador no interviene en la elaboración y corrección de las pruebas con sus opiniones.

3. La característica que representa al primer grupo de cierto y falso es que el estudiante tiene que relacionar entre:

    a. el 60% de las preguntas correctamente por adivinanza.
    b. dos posibilidades.
    c. la mayoría de las preguntas por adivinanza.
    d. lo verdadero y lo falso.

4. Un principio que pertenece a la redacción correcta de un cierto o falso es el que dice: El cierto o falso debe:

    a. ser corto.
    b. presentar una sola idea.
    c. ser preciso.
    d. ser del mismo tema.

5. El segundo ejercicio de evaluación de llena blancos se contesta con:

    a. dos posibles respuestas.
    b. una frase incompleta con un solo blanco.
    c. una sola respuesta o menos.
    d. palabras claves y exclusivas.

6. Cuando comparamos el primer ejercicio de cierto o falso (1) con el segundo llena blancos (2), encontramos que el segundo:

    a. es fácil de construir.
    b. reduce la posibilidad de adivinar.
    c. es fácil de valorar.
    d. no mide todos los niveles de pensamiento.

Instruccional

7. Las pruebas objetivas ayudan al maestro (a) o profesor (a) a ser más justo en la evaluación del aprendizaje del estudiante si:

   a. están bien construidas.

   b. siguen los principios de elaboración.

   c. están bien organizadas.

   d. están planificadas.

8. El ejercicio de evaluación que NO se recomienda para niños de escuela elemental es el de:

   a. cierto y falso (1).

   b. llena blancos (2).

   c. pareo (3).

   d. selección múltiple (4).

9. El ejercicio de evaluación que muchos maestros o profesores creen que es más fácil de construir es el de:

   a. cierto y falso (1).

   b. llena blancos (2).

   c. pareo (3).

   d. selección múltiple (4).

10. El ejercicio de evaluación más fácil de valorar es el de:

    a. cierto y falso (1).

    b. llena blancos (2).

    c. pareo (3).

    d. selección múltiple (4).

Instruccional

B. Evalúa este cierto y falso. No tienes que completarlo. Solo observa y examina lo que esta mal hecho para realizar la parte B.1 que aparece a continuación (10 puntos).

____1. Los animales jamás se dividen de forma espontánea.

____2. Un reptil es un animal de sangre fría y es un depredador.

____3. Los mamíferos pueden tener glándulas mamarias.

____4. Los insectos de todas clases y colores no son de 8 patas.

____5. Algunos animales no tienen organizado su vivienda por considerarlo innecesario.

____6. La reproducción en los reptiles es un proceso similar al de los insectos.

____7. En Puerto Rico no hay animales venenosos.

____8. Los animales exóticos son aquellos que no son autóctonos del país y son atractivos.

____9. El coquí es un insecto.

____10. Este solo lo hay en Puerto Rico.

B.1 Evalúa e identifica los ítems de cierto y falso que no estén correctamente redactados e indica el principio relacionado que debió seguirse.

_____

_____

_____

_____

_____

Instruccional

C. Evalúa este llena blancos. No tienes que completarlo. Solo observa y examina lo que esta mal hecho para realizar la parte C.1 que aparece a continuación (5 puntos).

1. Las enfermedades más comunes en los niños pre-escolares son _____, _____, _____ y _____.

2. Los accidentes son la causa principal de muerte en los _____.

3. _____ es la ausencia de enfermedad.

4. La condición física de un niño es determinante para su _____.

5. SIDA es la _____ del siglo.

C.1 Identifica el "ítem" de llena blanco que no está correctamente redactado e indica el principio relacionado que debió seguirse.

_____
_____
_____
_____
_____

D. Explica la importancia de elaborar y redactar ejercicios de evaluación correctamente, para llevar a cabo una evaluación justa. (10 puntos)

_____
_____
_____
_____

Instruccional

IV. Materiales

A. Los materiales que necesitas para realizar el módulo instruccional son:

1. lápiz

2. hojas de papel en blanco

3. libreta de apuntes

4. examen de cualquier materia que tenga, por lo menos, dos de los siguientes ejercicios:

    a. cierto y falso

    b. llena blancos

V. Actividades de aprendizaje

PRIMERA SECCIÓN

1. A continuación se presentan una serie de actividades que te ayudarán a lograr los objetivos del aprendizaje. Las mismas se subdividen para que las puedas realizar y para que comprendas lo que se espera en este módulo instruccional. Tienes la clave al final de cada volumen del módulo para que corrobores si tus contestaciones están correctas. Te exhorto a que comiences cuanto antes y te deseo mucho éxito.

La evaluación es un proceso para interpretar unos datos cuantitativos y cualitativos con relación a unos criterios ya establecidos, para emitir un juicio y tomar decisiones. Este proceso se llevará a cabo para determinar si se lograron o no los objetivos establecidos.

Para llevar a cabo la evaluación, se preparan instrumentos que tienen diferentes propósitos. Hay pruebas diagnósticas que se ofrecen al comienzo de un curso, para que el maestro pueda identificar en qué punto se encuentra el aprendiz con relación a los objetivos y de ese modo detectar las deficiencias. Hay otras que se utilizan para verificar el progreso del aprendiz durante el transcurso del curso y para poder hacer los ajustes necesarios para facilitar el logro de los objetivos. Esta es la **evaluación formativa**. Finalmente, hay otra prueba que se utiliza para determinar si se lograron los objetivos que se ofrecen al final del curso o unidad; ésta se conoce como **evaluación-sumativa**. Cualquiera que sea el propósito de la misma, debe tener unos ejercicios que le ayuden al maestro a evaluar la ejecución del aprendiz. Dependiendo del texto del ejercicio que se formula, así será la prueba: subjetiva u objetiva.

Las pruebas subjetivas tienen ejercicios en las que los examinados puedan expresar todo lo que saben, sus opiniones, experiencias y sentimientos. Este tipo de prueba brinda al estudiante la libertad para la expresión y la creatividad. Si el examinador no establece los criterios para valorar la prueba correctamente y toma en consideración otros aspectos, al corregir la misma puede darse el caso que entren en juego sus valores, sentimientos y opiniones. Por ello, se denominan como **pruebas subjetivas**. Para éstas se utilizan las preguntas de discusión para pruebas de ensayo.

Las **pruebas objetivas** se componen de ejercicios en los que el examinado dedica la mayor parte del tiempo a leer, a pensar; y muy poco a escribir. Esa dinámica no le permite expresar las opiniones, las creencias, expresiones o ideas propias como sucede en las subjetivas. Solo se le requiere que reconozca o identifique las respuestas correctas. En ellas, el examinador dedica la mayor parte del tiempo a la preparación de los ejercicios y muy poco a la realización de la prueba. Por tal motivo, sus valores u opiniones no intervienen en la corrección de la prueba porque la respuesta correcta es precisa. Los ejercicios que pertenecen a las pruebas objetivas son: cierto o falso, llena blancos, pareo y selección múltiple.

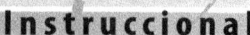

Las pruebas objetivas le permiten al examinador evaluar a los estudiantes en una forma más precisa, sin que entren en juego sus valores, sentimientos y opiniones. De igual forma, el examinado no tiene que expresar sus valores, sentimientos u opiniones porque los ejercicios solo requieren una respuesta o respuestas correctas.

Como ves, las pruebas subjetivas y objetivas se diferencian en la forma en que son elaboradas y en cómo se corrigen. Además, los ejercicios son diferentes.

Los ejercicios de evaluación que estudiaremos en los primeros dos módulos instruccionales pertenecen a las pruebas objetivas. El primer ejercicio de evaluación de este tipo de pruebas que estudiarás es el de **cierto o falso**. Éste consiste de un enunciado sobre el que el estudiante expresará su veracidad o falsedad. Es decir, el estudiante tiene dos posibles contestaciones para seleccionar: cierto o falso, sí o no, correcto o incorrecto. El segundo es el **llena blanco.** El mismo consiste de un enunciado con un espacio que el estudiante llena con una frase, número o símbolo único y exclusivo. El espacio solamente se completa con una respuesta. El tercero es el **pareo**. En este se presentan varias respuestas, simultáneamente, en tres columnas. El cuarto ejercicio es el de **selección múltiple**. Este consiste de una premisa que sirve de base y que se conoce como la raíz. Además, tiene varias alternativas para seleccionar la que mejor complete la declaración presentada en la premisa.

En este Módulo I estudiarás los ejercicios de evaluación que son el cierto y falso y el llena blancos.

Instruccional

A. De acuerdo con la información que leíste, anteriormente, completa las siguientes tablas:

Tabla 1: Prueba de acuerdo al propósito

Pruebas	Propósitos	Tiempo para Administrarla
1.		
2.		
3.		

Tabla 2: Prueba de acuerdo al tipo de ejercicio

Clase de prueba	Definición	Ejercicios que se utilizan
1. Subjetiva		
2. Objetiva		

Instruccional

2. **En el ejercicio anterior completaste una tabla que te puede ayudar a llenar los siguientes blancos.**

   a. Los tres tipos de pruebas que existen son, _____, _____ y _____,

   b. Los tres tipos de pruebas difieren en cuanto a su _____ y _____ para administrarla.

   c. Las dos clases de prueba son _____ y _____.

   d. Las pruebas objetivas tienen ejercicios de evaluación que no involucran _____ ni _____.

   e. Uno de los ejercicios de evaluación que pertenece a las pruebas objetivas es _____.

   f. El cuarto ejercicio de las pruebas objetivas es el _____, que tiene una premisa o raíz con varias alternativas para escoger la mejor contestación.

3. **Completa el círculo con los cuatro ejercicios que pertenecen a las pruebas objetivas.**

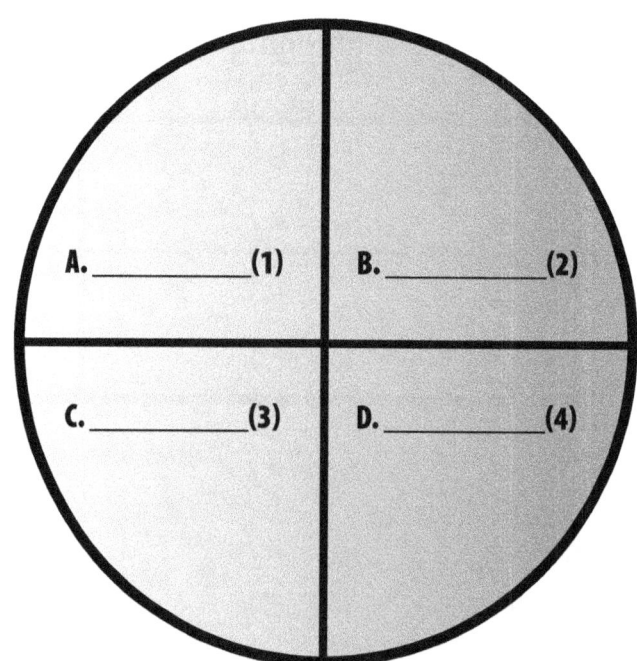

4. Escribe la definición de los cuatro ejercicios que pertenecen a las pruebas objetivas:

Ejercicio	Definición
1.	
2.	
3.	
4.	

Verifica tus contestaciones en la hoja de respuestas que aparece al final del módulo I.

¡Muy bien!

Ahora continúa en la próxima página y con el mismo entusiasmo que has tenido hasta ahora.

SEGUNDA SECCIÓN

1. Desarrolla tu propia definición de la frase evaluación justa, luego de consultar un diccionario.

_____

_____

_____

_____

_____

_____

2. Lee esta situación.

Luis era un joven de escuela superior que soñaba con ser médico. Era dedicado y por esa razón sus calificaciones eran altas, especialmente, en las áreas de las ciencias y las matemáticas. Sin embargo, en el cuarto año, tuvo una maestra de Física que nunca le daba las notas de los exámenes y cuando completó el curso obtuvo una calificación de D. Como es natural, él y sus compañeros de clase le pedían a la maestra los exámenes corregidos después de tomarlos, pero ella siempre tenía una excusa. El promedio de Luis bajó y comenzó a cuestionarse si podría ingresar o no a la universidad de su preferencia, que era una muy competitiva en Ciencias Naturales, ya que solo ingresaban los estudiantes con 4.00, además de otros requisitos.

Instruccional

A. ¿Qué opinión tienes sobre la maestra?

_____
_____
_____
_____

B. ¿Consideras justo lo que le sucedió a Luis?

_____
_____
_____
_____

C. ¿Qué debió hacer la maestra durante el curso? ¿Por qué?

_____
_____
_____
_____

D. ¿Qué importancia tiene el que se le provean los exámenes corregidos a tiempo a los estudiantes, aparte de que conozcan su nota?

_____
_____
_____
_____

TERCERA SECCION

1. ¿Cómo construir el ejercicio de cierto o falso?

El cierto o falso es un enunciado para que el estudiante exprese su juicio en términos de su veracidad o de su falsedad. En éste se le pide al estudiante que seleccione entre dos posibilidades o dos interacciones que pueden ser cierto o falso, C o F, correcto o incorrecto. Cualquier estudiante tiene la oportunidad de contestar el cincuenta porciento (50%) de las preguntas correctamente, por adivinanza.

El ejercicio de cierto o falso, aunque parece sencillo, resulta difícil de construir. Debe tener una declaración que sea absolutamente cierta o claramente falsa, sin excepciones. Generalmente, se utiliza para medir datos que el estudiante memoriza. Sin embargo, es posible utilizarlo para medir procesos de razonamiento complejo si están bien construidos los "items".

En el cierto y falso el vocabulario no sugiere la respuesta correcta. Para que una prueba de esta categoría sea confiable, únicamente tiene que ser muy larga, por lo menos de 50 "items". Esto puede penalizar al lector lento. No se recomienda que el cierto o falso se utilice con niños pequeños porque la falsa manipulación puede influir en ellos.

Instruccional

De la información que leíste anteriormente, completa el siguiente ejercicio de llena blancos.

A. En el ejercicio de cierto o falso se le pide al estudiante que seleccione entre _____ posibilidades.

B. Si un estudiante contesta una prueba de cierto o falso, tendrá oportunidad de contestar el cincuenta porciento (50%) de los ejercicios correctamente por _____.

C. El cierto o falso es _____ de construir.

D. El ejercicio de cierto o falso debe tener una _____ que sea absolutamente cierta o falsa, sin excepciones.

E. Este tipo de ejercicio se utiliza para medir datos que se _____.

F. Bien construido, es posible usarlo para medir procesos de razonamiento más _____.

G. El ejercicio bien construido tiene un vocabulario que no sugiere ningún tipo de _____.

H. Una prueba de cierto o falso debe tener por lo menos _____ items para que sea confiable.

I. No es recomendable utilizar cierto o falso con niños pequeños porque la falsa _____ puede influir en ellos.

J. Una de las formas que se puede usar para contestar una prueba de cierto o falso es _____ o _____.

Instruccional

2. De los ejercicios de cierto o falso que aparecen a continuación, explica el porqué están incorrectos los de la izquierda y correctos los de la derecha. Tendrás, además, la oportunidad de aprender los principios relacionados.

   A. ¿Por qué está incorrecto el "ítem" de la izquierda y por qué está correcto el de la derecha?

INCORRECTO	CORRECTO
Los padres son necesarios en la educación de sus hijos y débiles en su estilo de enseñanza.	Los padres son necesarios en la educación de sus hijos y su estilo de enseñanza debe ser democrático.

_____
_____
_____
_____
_____
_____
_____

Instruccional

El principio relacionado es el:

PRINCIPIO NÚMERO 1:

Cada "item" debe ser totalmente correcto o totalmente falso.

B. ¿Por qué está incorrecto el "ítem" de la izquierda y por qué está correcto el de la derecha?

INCORRECTO	CORRECTO
El atributo de la prueba de criterio es que, provee una descripción del comportamiento que el estudiante puede o no realizar.	El atributo principal de la prueba de criterio es que nos ayuda a conocer el dominio de una destreza específica que tiene un estudiante.

_____
_____
_____
_____
_____
_____
_____
_____

Instruccional

El principio relacionado es el:

PRINCIPIO NÚMERO 2:

Redacta el "ítem", no lo copies de libros u otros materiales.

C. ¿Por qué está incorrecto el "ítem" de la izquierda y por qué está correcto el de la derecha?

INCORRECTO	CORRECTO
1. Cristóbal Colón descubrió a América.	1. Cristóbal Colón descubrió a América.
2. Si el descubrió a América, entonces podemos aceptar que era un visionario.	2. Cristobal Colón era un visionario.

_____
_____
_____
_____
_____
_____
_____
_____

Instruccional

El principio relacionado es el:

PRINCIPIO NÚMERO 3:

Cada "ítem" debe presentar una idea aislada de las anteriores a los que le siguen.

D. ¿Por qué está incorrecto el "ítem" de la izquierda y por qué está correcto el de la derecha?

INCORRECTO	CORRECTO
Solamente hay dos factores que deben considerarse en el estudio de la geografía.	Hay dos factores que deben considerarse al estudiar la geografía.

_____
_____
_____
_____
_____
_____
_____

Instruccional

El principio relacionado es el:

PRINCIPIO NÚMERO 4:

El uso de palabras o frases como: generalmente, usualmente, de vez en cuando, siempre, nunca, a veces y jamás, crean ambigüedad en la aseveración.

E. ¿Por qué está incorrecto el "ítem" de la izquierda y por qué está correcto el de la derecha?

INCORRECTO	CORRECTO
Nunca es deseable ingerir piña y leche a la vez.	Es deseable ingerir piña y leche a la vez.

_____
_____
_____
_____
_____
_____
_____

Instruccional

El principio relacionado es el:

PRINCIPIO NÚMERO 5:

Evita usar "items" en términos negativos.

F. ¿Por qué el ejercicio de cierto o falso de la izquierda está incorrecto y por qué el de la derecha está correcto?

INCORRECTO	CORRECTO
1. Cristóbal Colón era de Italia.	1. Cristóbal Colón descubrió América.
2. Cristóbal Colón descubrió América.	2. Cristóbal llegó a España.
3. América del Norte fue descubierta por Cristóbal Colón.	3. Colón salió de Génova.
4. España fue el país a donde llegó Cristóbal Colón.	4. Cristóbal Colón era de italia.

_____
_____
_____
_____
_____
_____
_____

Instruccional

El principio relacionado es el:

PRINCIPIO NÚMERO 6:

Evita que los "items" ciertos sean más largos que los falsos y viceversa.

G. ¿Por qué el ejercicio de cierto o falso de la izquierda está incorrecto y por qué el de la derecha está correcto?

INCORRECTO	CORRECTO
Existen múltiples dificultades y numerosas teorías relacionadas con el estudio del complejo e interesante proceso de la memoria que tienden a crear multiplicidad de teorías en torno a su desarrollo.	Existen teorías del proceso de la memoria que crean otras sobre su desarrollo.

_____
_____
_____
_____
_____
_____
_____

Instruccional

El principio relacionado es el:

PRINCIPIO NÚMERO 7:

Cada "ítem" debe ser lo más directo posible. Evita las oraciones muy largas o complejas, el uso de cláusulas explicativas y el uso de palabras innecesarias o modificadores excesivos.

H. ¿Por qué el ejercicio de cierto o falso de la izquierda está incorrecto y por qué el de la derecha está correcto?

INCORRECTO	CORRECTO
1. Una teoría explica fenómenos predecibles.	1. Una teoría nos explica cómo ocurren los fenómenos de la naturaleza.
	2. Las explicaciones que ofrecen las teorías nos ayudan a predecir comportamientos futuros.

_____
_____
_____
_____
_____
_____
_____

Instruccional

El principio relacionado es el:

PRINCIPIO NÚMERO 8:

Elimina todo "ítem" capcioso.

I. ¿Por qué el ejercicio de cierto o falso de la izquierda está incorrecto y por qué el de la derecha está correcto?

INCORRECTO	CORRECTO
Ninguna de las etapas del experimento eran innecesarias.	Las etapas finales del experimento eran innecesarias.

_____
_____
_____
_____
_____
_____
_____
_____

Instruccional

El principio relacionado es el:

PRINCIPIO NÚMERO 9:

Evita el uso del doble negativo en la oración. Las palabras no, nunca, ninguno, crean esta situación.

J. ¿Por qué el ejercicio de cierto o falso de la izquierda está incorrecto y por qué el de la derecha está correcto?

INCORRECTO	CORRECTO
C 1. Cristóbal Colón descubrió América.	C 1. Cristóbal Colón descubrió América.
C 2. La reina Isabel, la Católica, ayudó a Cristóbal Colón .	F 2. América del Norte fue descubierta por Cristóbal Colón.
F 3. España fue el país donde llegó Cristóbal Colón.	C 3. La reina Isabel, la Católica, ayudó a Cristóbal Colón .
F 4. América del Norte fue descubierta por Cristóbal Colón.	F 4. Cristóbal Colón era del país llamado España.
C 5. Cristóbal Colón era del país llamado Italia.	F 5. A España fue el país donde Colón llegó.
C 6. Colón salió del puerto de Génova.	C 6. Colón salió del puerto de Génova.

_____

_____

_____

_____

_____

Instruccional

El principio relacionado es el:

PRINCIPIO NÚMERO 10:

Mantén un balance entre el número de "ítems" ciertos y el números de falsos.

K. ¿Por qué el ejercicio de cierto o falso de la izquierda está incorrecto y por qué el de la derecha está correcto?

INCORRECTO	CORRECTO
1. Cristóbal Colón partió del puerto de Génova cuando viajó a América y fue a Puerto Rico en el año 1493.	1. Cristóbal Colón partió del puerto de Génova en su primer viaje.
	2. Cristóbal Colón viajó a América.
	3. Cristóbal Colón descubrió Puerto Rico en el 1493.

_____
_____
_____
_____
_____
_____
_____

Instruccional

El principio relacionado es el:

PRINCIPIO NÚMERO 11:

Cada "ítem" debe presentar una sola idea.

3. Enumera los principios básicos en la redacción o elaboración de ciertos o falsos.

Número	Principio
1.	
2.	
3.	
4.	
5.	
6.	
7.	
8.	
9.	
10.	
11.	

Instruccional

4. Corrige los siguientes ejercicios de cierto o falso. Aplica los principios e identifica el principio relacionado.

"Ítem" incorrecto	"Ítem" corregido	Número del principio relacionado
A. El alimentarse puede conducir a una alimentación balanceada.		
B. La alimentación balanceada es salud si tiene los nutrientes que se necesitan para crecer.		
C. Siempre es saludable tener una dieta balanceada.		
D. Una dieta balanceada tiene los alimentos básicos y éstos tienen los nutrientes que son necesarios para evitar enfermedades.		
E. Nunca se debe hablar con la boca llena.		

Instruccional

5. Identifica los principios que encontraste que no estaban relacionados con el ejercicio anterior y menciónalos.

_____
_____
_____
_____
_____
_____
_____

6. Enumera las ventajas y desventajas del ejercicio de cierto o falso.

A. Ventajas	B. Desventajas
_____	_____
_____	_____
_____	_____
_____	_____
_____	_____

Instruccional

7. ¿A qué conclusiones puedes llegar después de examinar cómo hacer un ejercicio de cierto o falso correcto y analizar el por qué se deben redactar así?

_____
_____
_____
_____
_____
_____
_____
_____
_____
_____
_____
_____
_____
_____
_____
_____
_____

CUARTA SECCIÓN

1. ¿Cómo construir el ejercicio de llena blancos?

El llena blancos consiste en un enunciado que el estudiante tiene que llenar con una frase, número o símbolo único. Se diferencia del cierto o falso, porque el estudiante tiene que escribir en el espacio en blanco una posible respuesta. En este tipo de ejercicio se controla la tendencia de adivinar; por tanto, estimula al estudiante a estudiar y aprender el material. Es relativamente fácil de elaborar, aunque puede resultar ambiguo y difícil de contestar. Además, puedes correr el riesgo de que la contestación sea demasiado obvia.

El llena blancos puede utilizarse en muchas áreas para obtener una muestra amplia de la información sobre hechos. Sin embargo, puede prestarse para recalcar la medición del detalle insignificante y aislado. Finalmente, la corrección puede hacerse de forma subjetiva si los "ítems" están bien construidos.

Completa el siguiente ejercicio:

A. En el llena blancos el estudiante tiene que completar el espacio con _____ posible respuesta.

Instruccional

B. Este tipo de ejercicio es muy adecuado para la medición de la retención de _____.

C. Es relativamente _____ de elaborar.

D. El ejercicio de llena blancos controla que los estudiantes _____.

E. Puede resultar ambiguo y difícil de _____.

F. La corrección puede hacerse _____ si los "ítems" no están bien construidos.

2- En los ejercicios de llena blancos que aparecen a continuación, observa el que está incorrecto al lado izquierdo y el que está correcto al lado derecho, y explica por qué que están incorrectos o correctos. Luego tendrás la oportunidad de examinar el principio relacionado.

A. ¿Por qué el "ítem" de la izquierda está incorrecto y por qué el de la derecha está correcto?

INCORRECTO	CORRECTO
1. América fue descubierta por _____.	1. América fue descubierta por el navegante llamado _____.

_____
_____
_____
_____

Instruccional

El principio relacionado es el:

PRINCIPIO NÚMERO 1:

Usa aseveraciones que completes con una palabra, frase, número o símbolo único y esclusivo.

B. ¿Por qué el "ítem" de la izquierda está incorrecto y por qué el de la derecha está correcto?

INCORRECTO	CORRECTO
1. A pupil has the right to know the kind of _____ desired.	1. The desired _____ is known by the good standing student.

_____
_____
_____
_____
_____

El principio relacionado es el:

PRINCIPIO NÚMERO 2:

Evita usar oraciones copiadas directamente del texto u otro material.

C. ¿Por qué el "ítem" de la izquierda está incorrecto y por qué el de la derecha está correcto?

INCORRECTO	CORRECTO
Si 30% se cambia a decimal, sería _____.	Si 30% se cambia a un punto decimal, sería _____.

_____
_____
_____

El principio relacionado es el:
PRINCIPIO NÚMERO 3:
Especifica el grado de precisión que se espera.

D. ¿Por qué el "ítem" de la izquierda está incorrecto y por qué el de la derecha está correcto?

INCORRECTO	CORRECTO
El _____ se obtiene dividiendo _____ por _____ y multiplicando por 100.	El porcentaje se obtiene dividiendo la sumatoria de puntuaciones brutas con la cantidad de unidades y multiplicando por _____.

_____
_____
_____

Instruccional

El principio relacionado es el:

PRINCIPIO NÚMERO 4:

Evita omitir tantas palabras de la aseveración que haya que adivinar la idea.

E. ¿Por qué el "ítem" de la izquierda está incorrecto y por qué el de la derecha está correcto?

INCORRECTO	CORRECTO
_____ es una carga de electricidad negativa.	Una carga de electricidad negativa es _____ .

_____

_____

_____

El principio relacionado es el:

PRINCIPIO NÚMERO 5:

No coloques el blanco al inicio de la oración. Frasea la misma de modo que el espacio quede al final o al medio de la oración.

F. ¿Por qué el "ítem" de la izquierda está incorrecto y por qué el de la derecha está correcto?

Instruccional 1

INCORRECTO	CORRECTO
El crecimiento no es un proceso uniforme, por lo que debemos estudiar el _____ del individuo.	El cuerpo humano se debe estudiar porque el crecimiento no es _____.

_____

_____

_____

El principio relacionado es el:

PRINCIPIO NÚMERO 6:

Los "ítems" estarán libres de indicaciones para que ayuden al estudiante a contestarlo. Ejemplo de esto es el largo del blanco o el uso de preposiciones o artículos que indiquen sexo o género.

G. ¿Por qué el "ítem" de la izquierda está incorrecto y por qué el de la derecha está correcto?

INCORRECTO	CORRECTO
El Presidente de Estados Unidos durante la Segunda Guerra Mundial se llamaba _____. El Presidente nació en el estado de _____.	El Presidente de Estados Unidos durante la Segunda Guerra Mundial se llamaba _____. El Presidente de los Estados Unidos durante la Guerra Mundial era del estado de _____.

Instruccional

> El principio relacionado es el:
>
> PRINCIPIO NÚMERO 7:
>
> Evite que el "ítem" dependa de otro para su respuesta.

H. ¿Por qué el "ítem" de la izquierda está incorrecto y por qué el de la derecha está correcto?

INCORRECTO	CORRECTO
El Presidente de Estados Unidos durante la Guerra Civil nació en _____.	¿Cuál fue el Presidente de los Estados Unidos que gobernó durante la Guerra Civil?

_____
_____
_____
_____
_____

Instruccional

> El principio relacionado es el:
>
> PRINCIPIO NÚMERO 8:
>
> Recuerda que muy a menudo la pregunta directa es mejor que el llena blancos.

3. Enumera los principios básicos de la redacción o elaboración del ejercicio de llena blancos.

Número	Principio
1.	
2.	
3.	
4.	
5.	
6.	
7.	
8.	

Instruccional

4. Corrige los siguientes ejercicios de llena blancos. Aplica los principios e identifica el principio relacionado.

"Ítem" incorrecto	"Ítem" corregido	Número del principio relacionado
a. Puerto Rico fue descubierto por _____.		
b. El gobernador de Puerto Rico era _____ para el 1952.		
c. El _____ es un _____ que tiene _____ respuesta.		
d. _____ es la capital de Italia.		
e. Es importante que se entienda el _____ desde que nace.		

5. Identifica los principios que no encontraste representados en los "ítems" del ejercicio anterior y menciónalos.

_____

_____

_____

_____

_____

6. Enumera las ventajas y desventajas del ejercicio de llena blancos.

A. Ventajas	B. Desventajas
_____	_____
_____	_____
_____	_____
_____	_____
_____	_____
_____	_____

7. ¿A qué conclusiones puedes llegar después de examinar cómo hacer un ejercicio de llena blancos correcto y analizar el por qué se deben hacer así?

_____
_____
_____
_____
_____
_____
_____

¡ Está bueno por hoy!

Has terminado el módulo 1. Espero que hayas aprendido a elaborar ejercicios de cierto y falso y de llena blancos.

Continúa con el Módulo número 2.

VI. HOJA DE CONTESTACIONES
Primera Sección
I. A.

Tabla 1: Prueba de acuerdo al propósito

Pruebas	Propósitos	Tiempo para administrarlo
1- Diagnóstica	Tomar decisiones pertinentes para hacer el hecho educativo más eficaz, evitando fórmulas y caminos inadecuados. Establecer el nivel en el cual debe empezar la enseñanza.	Al inicio del curso o al inicio de cualquier tópico o unidad de trabajo.
2. Formativa	Tomar decisiones respecto a las alternativas de acción y dirección que van presentando, según se avanza en el proceso de enseñanza-aprendizaje. Conocer el grado y el alcance del progreso.	Durante el proceso de enseñanza-aprendizaje.
3. Sumativa	Tomar las decisiones encaminadas a asignar una calificación a cada estudiante. Estimar el logro final de cada alumno.	Al finalizar una unidad, semestre, curso, programa o proyecto.

Tabla 2: Prueba de acuerdo al tipo de ejercicio

Clase de prueba	Definición	Ejercicios que se utilizan
1. Subjetiva	Son aquellas pruebas en las que los valores, sentimientos y creencias del evaluador o del evaluado intervienen en las mismas.	Pruebas de ensayo Pruebas de discusión
2. Objetiva	Son las pruebas en las que con los valores, sentimientos y creencias del evaluado no intervienen en las mismas.	Cierto y falso Llena blancos Pareo Selección Múltiple

2.
   a. diagnóstica, formativa y sumativa
   b. propósitos y tiempos
   c. subjetiva, objetiva
   d. sentimientos, valores y opiniones
   e. cierto y falso o llena blancos o pareo o selección múltiple
   f. selección múltiple

3.

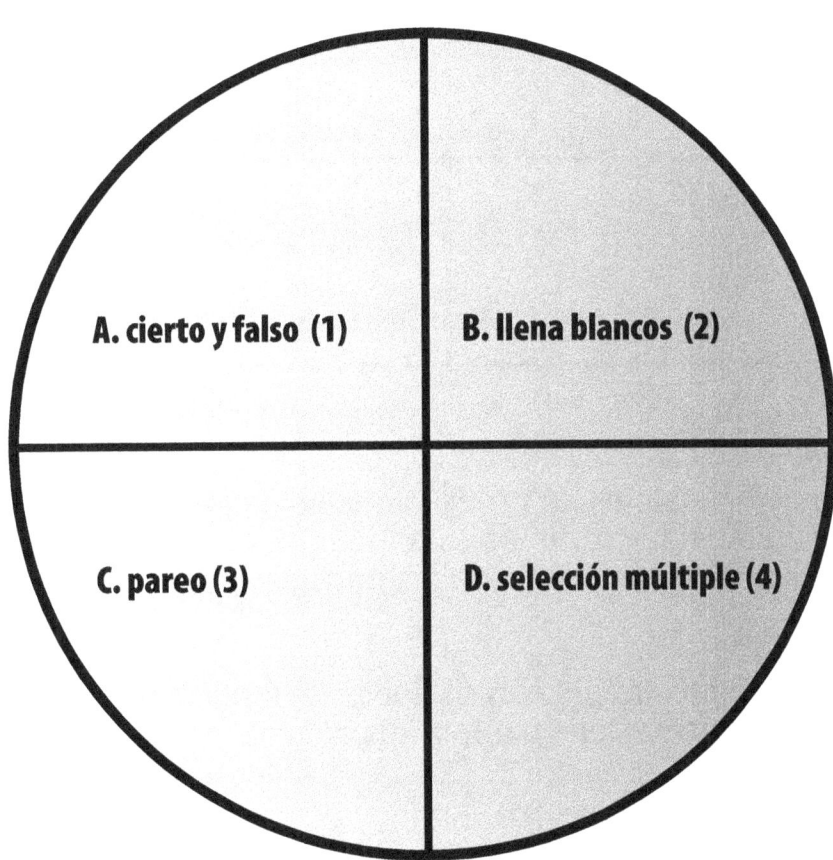

Instruccional

4.

Ejercicio	Definición
1. Cierto y falso	Es un ejercicio que consiste de un enunciado en el que el estudiante expresará su veracidad o falsedad.
2. Llena blancos	Consiste en un enunciado con un espacio en el que el estudiante completa con una frase, número o símbolo único y exclusivo.
3. Pareo	Ejercicio que presenta varias respuestas, simultáneamente, en dos columnas para contestar en una tercera.
4. Selección múltiple	Es un ejercicio que tiene una raíz y varias alternativas para seleccionar la que mejor complete la declaración presentada en la premisa o raíz.

Segunda Sección

1. Evaluación justa es un proceso que se efectúa con el propósito de determinar si los cambios se han logrado, según han sido planificados y realizados de acuerdo con las normas establecidas.

2.
    A. Que no cumple con su deber de tener bien orientados a los estudiantes en cuanto a su progreso.

    B. No es justo.

    C. Cada vez que ofrece un examen o un ejercicio de evaluación, el maestro le debe comunicar a cada estudiante la nota que obtuvo para que éste sepa cómo se va desemvolviendo en la clase.

    D. El estudiante conoce cómo va en la clase y, además, puede ir sobre el material donde falló. De esta manera puede evaluar sus fortalezas y debilidades para reforzar el conocimiento y mejorar.

TERCERA SECCIÓN

1-
- A. dos
- B. adivinanza
- C. difícil
- D. declaración o enunciado
- E. complejos
- F. respuesta correcta
- G. 50
- H. manipulación
- I. c o f
- J : correcto o incorrecto

2-
- A. El de la izquierda está incorrecto, porque no necesariamente la socialización puede conducir a una mejor salud del individuo. El de la derecha se ve como una de las alternativas que puede ayudar a una mejor salud, pero no es exclusivo porque puede haber otras posibilidades.

- B. El de la izquierda está sacado del libro de texto y el de la derecha no.

- C. Los dos "ítems" de la izquierda están relacionados. Lo que quiere decir que para contestar el #2 necesitas saber el #1. El #2 depende del #1. Sin embargo, en los dos "ítems" de la derecha, cada uno se contesta sin necesidad del otro.

- D. La palabra solamente, en el de la izquierda, le da el sentido de exclusividad y crea duda en el estudiante en cuanto a su interpretación. El de la derecha no crea ambigüedad, por lo tanto el estudiante no se puede confundir.

- E. El de la izquierda está expresado en forma negativa y determinante y el de la derecha está en forma positiva y da margen a otras posibilidades.

- F. En el de la izquierda, los falsos son más extensos que los ciertos, cuando no debe tener un patrón específico. Todos, tanto los ciertos como los falsos, deben tomar la misma extensión.

G. El de la izquierda está incorrecto porque el enunciado es muy largo y da muchas explicaciones. Sin embargo, el de la derecha, es más específico.

H. El de la izquierda puede confundir al lector y realmente se infieren dos elementos diferentes, como aparecen en el de la derecha.

I. El de la izquierda tiene dos palabras en términos negativos (ninguna, innecesaria, cuando no debe ser). El de la derecha solo tiene una palabra negativa (innecesaria)

J. El de la izquierda tiene 5 ciertos y 1 falso cuando debe tener un balance como aparece en el de la derecha que hay 3 ciertos y 3 falsos.

K. El de la izquierda presenta dos ideas que son:
    a. Cristóbal Colón partió del puerto de Génova.
    b. Cristóbal Colón viajó a América.

El de la derecha presenta, en cada "ítem", una idea.

3.

Número	Principios básicos en la redacción y elaboración de Ciertos y Falsos
1.	Cada "ítem" debe ser totalmente correcto o totalmente falso, sin dar lugar a excepciones.
2.	Redacte el "ítem," no lo copie de libros u otros materiales.
3.	Cada "ítem" debe presentar una idea aislada que no dependa de las anteriores.
4.	El uso de palabras o frases como: generalmente, usualmente, de vez en cuando, siempre, nunca, a veces, jamás, crean ambigüedad en la aseveración.
5.	Evite usar "ítems" en términos negativos.
6.	Evite que los "ítems" ciertos sean más largos que los falsos y viceversa.
7.	Cada "ítem" debe ser lo más directo posible. Evite las oraciones muy largas o complejas; el uso de cláusulas explicativas y el uso de palabras innecesarias o modificadores excesivos.

Instruccional

8.		Elimine todo "ítem" capcioso o engañoso.
9.		Evite el uso del "doble negativo" en la oración. Las palabras "no", "nunca" o "ninguno" crean esta situación.
10.		Mantenga un balance entre el número de items ciertos y el número de falsos.
11.		Cada "ítem" debe presentar una sola idea.

4.

Item Corregido	Número de Principio relacionado
A. Una alimentación balanceada puede conducir a una buena salud.	# 1
B. La alimentación balanceada le da los nutrientes que necesita para crecer saludable.	# 14
C. Es saludable tener una dieta balanceada.	# 4
D. Una dieta balanceada tiene los alimentos básicos. Los alimentos básicos tienen los nutrientes necesarios para evitar enfermedades.	# 11
E. Es desagradable y peligroso hablar cuando se está comiendo.	# 9

5.

	Principios que no se encontraron en el ejercicio anterior
# 2	Redacte el "ítem"; no lo copie de libros o de otros materiales.
# 3	Cada "ítem" debe presentar una idea aislada de las anteriores a las que le siguen.
# 5	Evite usar "ítems" en términos negativos.
# 6	Evite que sus "ítems" ciertos sean más largos que los falsos y viceversa.
# 7	Cada "ítem" debe ser lo más directo posible. Evite las oraciones muy largas o complejas; el uso de cláusulas explicativas y el uso de palabras innecesarias o modificadores excesivos.
# 8	Elimine todo "ítem" capcioso o engañoso.
# 10	Mantenga un balance entre el número de "ítems" ciertos y el número de falsos.

6.

A. Ventajas	B. Desventajas
a. Puede cubrirse mucho material. b. Ventaja falsa: creer que es fácil de construir, pero no lo es. c. Es fácil de valorar.	a. El niño tiene 50% de oportunidad para adivinar. b. Se pasa por alto fallas en el aprendizaje (si el estudiante adivina correctamente). c. Es difícil construir buenos "ítems" que midan razonamiento. d. No es deseable para niños pequeños, por la influencia negativa, la falsa manifestación. e. Tiene que ser demasiado largo el examen para ser confiable (por lo menos 50 ejercicios si el examen es de cierto o falso solamente). f. Penaliza al lector lento.

7. Después de estudiar cómo redactar ejercicios de cierto y falso y examinar sus ventajas y desventajas, concluyo que, hay que saber cómo construirlo correctamente para no afectar a los estudiantes.

Cuarta Sección

1.
   - A. una
   - B. hechos
   - C. fácil
   - D. adivinar
   - E. contestar
   - F. subjetiva

2.
   - A. El de la izquierda puede completarse de formas diferentes, como: Cristóbal Colón, genovés, un navegante, un aventurero. Sin embargo, el de la derecha te lleva a contestar la respuesta única porque lo que te pide es el nombre.
   - B.
     - a. El de la izquierda es tomado exactamente del libro de texto y el de la derecha no.

Instruccional

C.
b. El de la izquierda no es tan preciso como el de la derecha que especifica cuántos puntos decimales deben aparecer en la respuesta correcta.

D. En el "ítem" de la izquierda aparecen tantos blancos que el lector tendría que adivinar la respuesta. En el de la derecha no ocurre lo mismo.

E. El "ítem" de la izquierda tiene el blanco al inicio de la oración cuando no debe ser así. Se recomienda utilizar el blanco en medio o al final del enunciado como lo tiene el "ítem" de la derecha.

F. En el "ítem" de la izquierda, antes del blanco, aparece un artículo que sugiere que la palabra que completa la oración es masculina. No se deben utilizar preposiciones o artículos que indiquen sexo o género. El "ítem" de la derecha sigue el principio que señalábamos, por lo que está correcto.

G. Los "ítems" de la izquierda son dependientes; es decir, que para contestar el segundo debes contestar correctamente el primero. Los "ítems" de la derecha tienen ideas independientes, por lo que están correctamente redactados.

H. El "ítem" de la izquierda se pudo haber hecho como está el de la derecha porque es preferible hacer una pregunta que un blanco, en este caso.

3.

Principio	Principios básicos en la redacción o elaboración de llena blancos
# 1	Usa aseveraciones para completar con una palabra, frase, número o símbolo único y exclusivo.
# 2	Evita usar oraciones copiadas directamente del texto o de otro material.
# 3	Especifica el grado de precisión que se espera.
# 4	Evita omitir tantas palabras de la aseveración que haya que adivinar la idea.

Instruccional

Principio	Principios básicos en la redacción o elaboración de llena blancos
# 5	No coloques el blanco al inicio de la oración. Frasea la misma, de modo que el espacio aparezca al final.
# 6	Los "ítems" estarán libres de indicaciones para que ayuden al estudiante al contestarlo. Ejemplo de esto es el largo del blanco o el uso de preposiciones o artículos que indiquen sexo o género.
# 7	Evita que el "ítem" dependa de otro para su respuesta.
# 8	Recuerda que muy a menudo una pregunta directa es mejor que el llena blancos.

4.

"Item" Corregido	Principio
a. Puerto Rico fue descubierto por un navegante llamado_____.	# 1
b. ¿Quién era el gobernador de Puerto Rico en 1952?	# 8
c. El cierto y falso es un ejercicio que tiene _____respuestas.	# 4
d. Es importante entender _____ desde que nace.	#6

Instruccional

5.

Principio	Principios que no se encontraron en ejercicio anterior
#2	Redacta el "ítem", no lo copie del libro o de otros materiales.
#3	Cada "ítem" debe presentar una idea aislada de las anteriores a las que le siguen.
#5	Evita usar "ítems" en términos negativos.
#7	Cada ítem debe ser lo más directo posible. Evita las oraciones muy largas o complejas, el uso de cláusulas explicativas y el uso de palabras innecesarias o modificadores excesivos.

6.

A. Ventajas	B. Desventajas
a. Se controla el adivinar; por lo tanto, estimula al estudiante a aprender el material.	a. Puede resultar ambiguo y difícil de contestar.
b. Es relativamente fácil de elaborar.	b. Es fácil correr el riesgo de que la contestación sea demasiado obvia.
c. Puede utilizarse en muchas áreas para obtener una muestra amplia de la información sobre hechos.	c. Se presta para recalcar la medición del detalle insignificante y aislado.
	d. La corrección puede hacerse subjetiva si los "ítems" no están bien construidos.

7. Después de estudiar cómo se construye el ejercicio de llenar blancos, se puede concluir que es necesario conocer cómo construirlo para que el estudiante pueda contestarlo adecuadamente y demostrar lo que sabe realmente. Además, el maestro puede estar seguro de que logró sus objetivos.

Instruccional

Instruccional

VII. Post-Prueba

A través de esta post-prueba podrás determinar cuánto y qué sabes sobre la lección estudiada. Demostrarás si conoces bien cómo elaborar ejercicios de pruebas objetivas; por lo tanto, la misma no va a ser calificada. Lee cada oración y selecciona la alternativa que mejor complete el sentido de la misma.

A. Escoge la mejor contestación (10 puntos).

1. **El cierto y falso (1), el llena blanco (2), el pareo (3) y la selección múltiple (4) son los cuatro:**

   a. ejercicios de evaluación de pruebas subjetivas.

   b. ejercicios de evaluación de pruebas objetivas.

   c. grupos de pruebas objetivas.

   d. grupos de pruebas subjetivas.

2. **Lo que distingue las pruebas objetivas de las subjetivas es que en las:**

   a. primeras, el examinador no interviene en la elaboración y corrección de la prueba con sus opiniones.

   b. primeras, el examinador y el examinado no intervienen, en ningún momento, con sus opiniones.

   c. segundas, el examinador y el examinado no intervienen, en ningún momento, con sus opiniones.

   d. segundas, el examinador no interviene en la elaboración y corrección de las pruebas con sus opiniones.

Instruccional

3. **La característica que representa al primer grupo de cierto y falso es que el estudiante tiene que relacionar entre:**

    a. el 60% de las preguntas correctamente por adivinanza.

    b. dos posibilidades.

    c. la mayoría de las preguntas por adivinanza.

    d. lo verdadero y lo falso.

4. **Un principio que pertenece a la redacción correcta de un cierto o falso es el que dice: El cierto o falso debe:**

    a. ser corto.

    b. presentar una sola idea.

    c. ser preciso.

    d. ser sobre el mismo tema.

5. **El segundo ejercicio de evaluación de llena blancos se contesta con:**

    a. dos posibles respuestas.

    b. una frase incompleta con un sólo blanco.

    c. una sola respuesta o menos.

    d. palabras claves y exclusivas.

6. **Cuando comparamos el primer ejercicio de cierto o falso (1) con el segundo llena blancos (2), encontramos que el segundo:**

    a. es fácil de construir.

    b. reduce la posibilidad de adivinar.

    c. es fácil de valorar.

    d. no mide todos los niveles de pensamiento.

7. Las pruebas objetivas ayudan al maestro a ser más justo en la evaluación del aprendizaje del estudiante, si:

   a. están bien construidas.

   b. siguen los principios de elaboración.

   c. están bien organizadas.

   d. están planificadas.

8. El ejercicio de evaluación que NO se recomienda para niños de escuela elemental es el de:

   a. cierto y falso (1).

   b. llena blancos (2).

   c. pareo (3).

   d. selección múltiple (4).

9. El ejercicio de evaluación que muchos maestros creen que es más fácil de construir es el de:

   a. cierto y falso (1).

   b. llena blancos (2).

   c. pareo (3).

   d. selección múltiple (4).

10. El ejercicio de evaluación más fácil de valorar es el de:

    a. cierto y falso (1).

    b. llena blancos (2).

    c. pareo (3).

    d. selección múltiple (4).

Instruccional

B. Evalúa este cierto y falso. No tienes que completarlo. Solo observa y examina lo que esta mal hecho para realizar la parte B.1 que aparece a continuación (10 puntos).

____1. Los animales jamás se dividen en forma espontánea.

____2. Un reptil es un animal de sangre fría y es un depredador.

____3. Los mamíferos pueden tener glándulas mamarias.

____4. Los insectos de todas clases y colores no son de 8 patas.

____5. Algunos animales no tienen organizada su vivienda por considerarlo innecesario.

____6. La reproducción en los reptiles es un proceso similar al de los insectos.

____7. En Puerto Rico no hay animales venenosos.

____8. Los animales exóticos son aquellos que no son autóctonos del país y son atractivos.

____9. El coquí es un insecto.

____10. Este solo lo hay en Puerto Rico.

B.1 Evalúa e identifica los ítems de cierto y falso que no estén correctamente redactados e indica el principio relacionado que debió seguirse.

_____
_____
_____
_____
_____
_____
_____

Instruccional

C. Evalúa este llena blancos. No tienes que completarlo. Solo observa y examina lo que esta mal hecho para realizar la parte C.1 que aparece a continuación (5 puntos).

1. Las enfermedades más comunes en los niños pre-escolares son: _____, _____, _____ y _____.

2. Los accidentes son la causa principal de muerte en los _____.

3. _____ es la ausencia de enfermedad.

4. La condición física de un niño es determinante para su _____.

5. SIDA es la _____ del siglo.

C.1 Identifica el ítem de llena blancos que no está correctamente redactado e indica el principio relacionado que debió seguirse.

_____
_____
_____
_____
_____

D. Explica la importancia de elaborar y redactar ejercicios de evaluación correctamente, para llevar a cabo una evaluación justa (10 puntos).

_____
_____
_____
_____
_____

Instruccional

HAS TERMINADO EL MÓDULO I. ESPERO QUE HAYAS APRENDIDO A ELABORAR EJERCICIOS DE CIERTO Y FALSO Y LLENA BLANCOS.

EN EL MÓDULO II APRENDERÁS A ELABORAR EJERCICIOS DE PAREO Y DE SELECCIÓN MÚLTIPLE.

¡HASTA LA PRÓXIMA, AMIGO!

¿ CÓMO REDACTAR EJERCICIOS DE EVALUACIÓN PARA PRUEBAS OBJETIVAS ?

- PAREO

- SELECCIÓN MÚLTIPLE

Instruccional 2

SUB-ÍNDICE

PÁGINAS

MÓDULO II ¿ CÓMO REDACTAR EJERCICIOS DE EVALUACIÓN PARA PRUEBAS OBJETIVAS. ? (PAREO Y SELECCIÓN MÚLTIPLE)

I. INTRODUCCIÓN 69
    II. OBJETIVOS DE APRENDIZAJE 71
    III. PRE-PRUEBA 72
    IV. MATERIALES 77
    V. ACTIVIDADES 78
        A. PRIMERA SECCIÓN 78
        B. SEGUNDA SECCIÓN 91
        C. TERCERA SECCIÓN 113
        D. CUARTA SECCIÓN 120
    VI. HOJA DE RESPUESTAS 124
    VII. POST-PRUEBA 141

Instruccional 2

I. Introducción

Mediante este módulo instruccional tendrás la oportunidad de aprender **cómo hacer ejercicios de pruebas objetivas** de pareo y de selección múltiple. El mismo es una lección escrita para que trabajes individualmente y para que aprendas a elaborar los ejercicios de la prueba.

El Módulo II consiste de:

- I. Introducción
- II. Objetivos de aprendizaje
- III. Pre-prueba
- IV. Materiales
- V. Actividades de aprendizaje
  - A. Primera Sección
  - B. Segunda Sección
  - C. Tercera Sección
  - D. Cuarta Sección
- VI. Hoja de Respuestas
- VII. Post – prueba

Instruccional 2

Te invito a que realices esta lección para que aprendas a elaborar ejercicios de pareo y de selección múltiple para pruebas objetivas, cómo redactarlos correctamente y a ser más justo en la evaluación del aprendizaje de los estudiantes. Puedes llevar a cabo las actividades en el mismo módulo. Podrás verificar las contestaciones de los ejercicios de las actividades con las claves que aparecen al final del módulo.

Ahora puedes empezar a trabajar.

¡ Éxito !

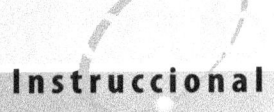

Instruccional

II. **Objetivos de aprendizaje**

¡Saludos amigo!

En esta parte encontrarás los objetivos operacionales. Cuando los leas, comprenderás lo que puedes aprender al finalizar el estudio de este módulo instruccional.

Después de estudiar este módulo:

A. enumerarás los principios básicos para la elaboración de los siguientes ejercicios:

 1. pareo
 2. selección múltiple

B. señalarás las ventajas y desventajas de cada uno de los ejercicios de las pruebas objetivas de pareo y de selección múltiple.

C. evaluarás ejercicios de pareo y de selección múltiple de cualquier materia.

Instruccional 2

III. Pre-prueba

A través de esta pre-prueba podrás determinar cuánto y qué sabes sobre la lección estudiada. Demostrarás si conoces bien cómo elaborar ejercicios de pruebas objetivas; por lo tanto, la misma no va a ser calificada. Lee cada oración y selecciona la alternativa que mejor complete el sentido de la misma.

A. Escoge la mejor contestación (10 puntos)

11. El tercer ejercicio de evaluación de pareo (3):

    a. no se utiliza para medir aseveraciones, definiciones, etc.
    b. debe aparecer en una sola página.
    c. no reduce la posibilidad de adivinar.
    d. su contestación puede consumir mucho tiempo al maestro.

12. Un principio aplicable al tercer ejercicio de evaluación es:

    a. las respuestas se arreglan en orden lógico.
    b. las premisas se arreglan en orden lógico.
    c. los "ítems" presentan una sola idea evaluada de los anteriores.
    d. los "ítems" deben mantener un balance en las dos columnas.

13. El cuarto ejercicio de evaluación de selección múltiple (4) puede:

    a. hacer énfasis en la memoria.
    b. minimizar la adivinación.
    c. evaluar el nivel de pensamiento de análisis.
    d. no afectar al lector lento.

14. Una ventaja del ejercicio de selección múltiple (4) es que:

    a. es fácil de construir.
    b. hace énfasis en la memoria.
    c. se penaliza al lector lento en la elaboración.
    d. mide todos los niveles de pensamiento.

Instruccional

15. En el ejercicio de selección múltiple, las alternativas como ninguna de las anteriores, todas las anteriores, alternativas a y b y demás:

    a. se pueden obviar.
    b. se deben utilizar.
    c. se pueden evitar.
    d. no se deben utilizar.

16. El ejercicio de evaluación que tiene más prestigio es el de:

    a. cierto y falso (1).
    b. llena blancos (2).
    c. pareo (3).
    d. selección múltiple (4).

17. El ejercicio de evaluación más difícil de construir es el de:

    a. cierto y falso (1).
    b. llena blancos (2).
    c. pareo (3).
    d. selección múltiple (4)

18. El ejercicio que puede medir todos los niveles de pensamiento de Benjamín Bloom (memoria, comprensión, aplicación análisis, síntesis y evaluación) es el de:

    a. cierto y falso (1).
    b. llena blancos (2).
    c. pareo (3).
    d. selección múltiple (4).

19. El ejercicio de evaluación que debe aparecer todo en una sola página para que el estudiante no se confunda ni pierda mucho tiempo es el de:

    a. cierto y falso (1).
    b. llena blancos (2).
    c. pareo (3).
    d. selección múltiple (4).

Instruccional 2

20. El ejercicio de evaluación que puede cubrir gran cantidad de material en poco tiempo, ya que el estudiante no tiene que escribir la respuesta es el de:

   a. cierto y falso (1).
   b. llena blancos (2).
   c. pareo (3).
   d. selección múltiple (4).

B. Evalúa este pareo. No tienes que completarlo. Solo observa y examina lo que esta mal hecho para realizar la parte B.1 que aparece a continuación (10 puntos).

Columna A   **Columna B**

___1. el país cuyos reyes dieron dinero y barcos.   A. Filadelfia

___2. la ciudad más antigua de Estados Unidos.   B. San Agustín

___3. un cuáquero famoso.   C. William Penn

___4. la primera colonia inglesa en Estados Unidos.   D. Peregrinos

___5. una ciudad en Florida.   E. Cartier

___6. la ciudad del "amor fraternal".   F. España

___7. el primer francés en explorar América.   G. Jamestown

___8. se le conoce como el fundador de Connecticut.   H. Magallanes

___9. desembarcaron en la Roca de Plymouth.   I. Thomas Hooker

___10. dio la vuelta al mundo en barco.   J. Miami

Instruccional 2

B.1 Identifica los aspectos que están incorrectos en este pareo y señala el principio relacionado que debió seguirse.

_____
_____
_____
_____

C. Evalúa los "ítems" de selección múltiple. No tienes que completarlo. Solo observa y examina lo que esta mal hecho para realizar la parte C.1 que aparece a continuación (10 puntos).

1. América del Sur es:

    a. un pueblo.
    b. un país.
    c. un continente.
    d. un océano.

2. Puerto Rico no está en la zona:

    a. tropical.
    b. templada.
    c. del estrecho de Greenwood.
    d. del Mar Caribe.

3. ¿Quién es el que conquistó a Puerto Rico?

    a. José Martí.
    b. Thomas Jefferson.
    c. Louis Pasteur.
    d. Cristóbal Colón.

4. El país que no tiene una población de ancianos grande es:

    a. China.
    b. Japón.
    c. Lima.
    d. Bogotá.

Instruccional 2

5. En el ejercicio de selección múltiple, las alternativas como ninguna de las anteriores, todas las anteriores, alternativas a y b y c :

   a. se pueden obviar.
   b. se deben utilizar.
   c. se pueden evitar.
   d. no se deben utilizar.

C.1 Indica el "ítem" que no está bien construído e identifica el principio relacionado que debió seguirse.

_____
_____
_____
_____
_____
_____

Instruccional 2

IV. Materiales

A. Los materiales que necesitas para realizar el módulo instrucctional son:

1. lápiz

2. hojas de papel en blanco

3. libreta de apuntes

4. examen de cualquier materia que tenga, por lo menos, dos de los siguientes ejercicios:

a. pareo

b. selección múltiple

V. Actividades

PRIMERA SECCIÓN

1. A continuación se presentan una serie de actividades que te ayudarán a lograr los objetivos del aprendizaje. Las mismas se subdividen para que las puedas realizar y, al mismo tiempo, aprender lo que se espera en este módulo instruccional. Tienes la clave al final de cada volumen para que corrobores si tus contestaciones están correctas.

La evaluación es un proceso que nos ayuda a interpretar datos cuantitativos y cualitativos, con relación a unos criterios ya establecidos para emitir un juicio y tomar decisiones que afectan los procesos de la educación. Este proceso se llevará a cabo para determinar si se lograron o no los objetivos establecidos.

Los ejercicios de evaluación que estudiaremos en este módulo instruccional son el de pareo y el de selección múltiple. El **pareo** presenta varias respuestas, simultáneamente, en tres columnas. El de **selección múltiple** tiene una premisa que sirve de base y se le conoce como la raíz, y, varias alternativas para seleccionar la que mejor complete la declaración presentada en la premisa.

Te exhorto a que comiences cuanto antes y te deseo mucho éxito.

¿Cómo construir el ejercicio de pareo?

El ejercicio de pareo presenta varias premisas o estímulos y diversas respuestas en dos columnas, simultáneamente. Es una variación del de alternativas múltiples. La columna de la izquierda es la de las premisas y la de la derecha la de las respuestas. Ambas columnas deben ubicarse en la misma página para no confundir, distraer o tomarle tiempo al estudiante.

El ejercicio de pareo es útil para medir localización, definiciones, asociaciones, relaciones de causa y efecto, relaciones de secuencia y cronología, homónimos, antónimos, principios gramaticales y otros. Puede utilizarse en todas las materias, pero no en la unidad de trabajo ya que es difícil conseguir "ítems" que sean homogéneos.

Este tipo de ejercicio reduce al mínimo la posibilidad de adivinar si está bien construido. Sin embargo, de no ser así, puede consumir mucho tiempo al estudiante.

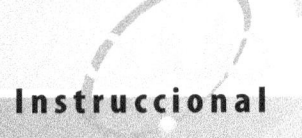
Instruccional

Después de leer lo anterior completa el siguiente ejercicio de llena blancos:

a. El ejercicio de pareo es una modalidad del ejercicio de _____.

b. En un ejercicio de pareo se presentan varias _____ y diversas _____ _____.

c. El ejercicio tiene _____ columnas.

d. Las columnas en el pareo deben aparecer en la misma _____, ya que el estudiante puede confundirse, distraerse y le consume mucho _____.

e. Al preparar un ejercicio de pareo debe incluirse un material _____.

f. El ejercicio de pareo puede utilizarse en cualquier _____.

g. Es muy _____ para medir localización, definiciones, asociaciones, relaciones de causa y efecto, relaciones de secuencia, cronología, homónimos, antónimos, principios gramaticales y otros.

2. A continuación aparecen varios ejercicios de pareo para aplicar los principios básicos en la elaboración de un pareo.

1. 1943	a. primer gobernador de Puerto Rico.
	b. producto agrícola
2. Juan Ponce de León	c. insurrección contra la dominación española..
	d. isla al este de Puerto Rico.
3. Agüeybaná	e. primer poblado bajo la dominación española.
	f. año en que Colón descubrió Puerto Rico.
4. Vieques	g. cacique indio.

Instruccional 2

A. En el ejemplo anterior, observa la columna de la izquierda correspondiente a los estímulos o premisas. ¿Qué encuentras?

_____
_____
_____
_____
_____

B. ¿Qué observas en la columna de la derecha llamada la de respuestas?

_____
_____
_____
_____
_____

C. Se supone que el pareo debe ser del mismo tema. Verifica el pareo anterior y contesta si el mismo cumple o no con el principio número 1.

_____
_____
_____
_____
_____

El principio relacionado es el:

PRINCIPIO NÚMERO 1:

Todos los "ítems" en un pareo deben girar alrededor del mismo tema. El tema debe ser homogéneo.

Instruccional 2

D. Verifica el pareo anterior y contesta si el mismo cumple o no con el principio número 2. Explica.

_____

_____

_____

_____

_____

_____

_____

El principio número 2 establece lo siguiente:

La columna de las respuestas que va a la derecha tiene los enunciados más cortos.

3.

Considera este ejemplo de pareo:

1. La Charca
2. La Guaracha del Macho Camacho
3. Vírgenes y Mártires
4. La Llamarada
5. La Renuncia del Héroe Baltazar

a. Enrique Laguerre
b. Ana Lydia Vega
c. Luís Rafael Sánchez
d. Magaly García Ramis
e. Manuel Zeno Gandía
f. Edgardo Rodríguez Juliá
g. Pedro Juan Soto

Instruccional 2

A. Señala si la columna de respuestas está en un orden lógico. Esto quiere decir que si son fechas están colocadas en orden cronológico; si son nombres están colocados en cualquier orden ya sea alfabético, por países o por estado.

_____

_____

_____

_____

> **El principio número 3 establece lo siguiente:**
>
> La lista de respuestas debe ir en orden lógico.

B. Arregla las columnas, según lo aprendido hasta ahora, en los blancos que aparecen después del pareo que evaluarás.

1. Denise Quiñones	a. Primera Miss Universo de Puerto Rico.
2. Debora Karthy Deu	b. Segunda Miss Universo de Puerto Rico.
3. Marisol Malaret	c. Tercera Miss Universo de Puerto Rico.
4. Dayanara Torres	d. Cuarta Miss Universo de Puerto Rico.
	e. Tercera Miss Puerto Rico.
	f. Segunda Miss Puerto Rico.
	g. Tercera Miss Puerto Rico.

_____

_____

_____

_____

_____

Instruccional 02

4. Como has observado en los ejercicios de pareo anteriores, el número de respuestas excede al número de estímulos. Esta práctica es muy saludable, ya que reduce la posibilidad de adivinar las respuestas.

> El principio número 4 establece lo siguiente:
>
> Incluye de dos a tres "ítems" en la columna de respuestas adicionales a las que debe tener la columna de estímulos o premisas.

Completa esta información:

A. ¿Cuántas premisas tiene el pareo anterior?

_____
_____
_____

B. ¿Cuántas respuestas debe tener, según el principio #4 ?

_____
_____
_____

C. ¿Cumple o no con el principio #4 ?

_____
_____
_____

Instruccional 2

5. Hay dos principios que se relacionan con la columna de estímulos o premisas:

> El principio número 5 establece lo siguiente:
>
> La información mayor debe ir en la columna de los estímulos o premisas de la izquierda.

    A. ¿Consideras que en el último ejemplo de pareo se cumple con este principio?

_____

_____

_____

6. El otro principio para la elaboración de pareo es el número 5.

> El principio número 6 establece lo siguiente:
>
> No incluya menos de 8 ni más de 15 "ítems" en la columna izquierda de los estímulos o premisas.

Observa los tres pareos anteriores, identificados en la columna izquierda, y con una marca de cotejo (✓), indica si cumplen o no con el principio número 6.

Ejercicio de Pareo	Cumple	No Cumple
2		
3A		
3B		

84

Instruccional

7. Otro principio para la elaboración de pareo es:

El principio número 7 que establece lo siguiente:

Es preferible colocar el espacio en blanco para la respuesta al lado de los números que identifican la columna del lado izquierdo.

De los ejercicios anteriores puedes hacer una conclusión en la que se pueda entender que evaluaste el cumplimiento del principio #7.

A. Después de examinar los ejercicios de pareo anteriores, concluyo que:

_____

_____

_____

_____

_____

_____

8. Observa los dos estímulos o premisas que aparecen a continuación. Ambos dicen lo mismo; sin embargo, hay uno que está mejor redactado.

| el país cuyos reyes dieron dinero y barcos. | sus reyes ayudaron con dinero y barcos. |

85

Instruccional 2

A. ¿Cuál es el mejor redactado? ¿Por qué?

_____
_____
_____
_____
_____
_____

De las premisas que se presentan a continuación:

se le conoce como el fundador de Connecticut.	el fundador de Conneticut.

B. ¿Cuál está correcta y por qué?

_____
_____
_____
_____
_____
_____

Mientras más breves sean las premisas, más fácil será leer y contestar el ejercicio.

Instruccional

> El principio número 8 relacionada es el siguiente:
>
> Haga los "ítems" lo más breves posibles.

9. Las instrucciones deben estar claras y precisas.

> El último principio es el número 9:
>
> Está relacionado con las instrucciones y es el siguiente: Indica claramente al estudiante si cada premisa responde a una sola respuesta, a dos o más.

A. Escribe unas instrucciones claras para un pareo.

_____
_____
_____
_____
_____
_____
_____
_____
_____

Instruccional 2

10. Enumera los 9 principios básicos para la elaboración y redacción del pareo.

Número del Principio	Principio
# 1	
# 2	
# 3	
# 4	
# 5	
# 6	
# 7	
# 8	
# 9	

11. Evalúa el pareo. Utiliza la tabla que aparece después del mismo:

___1. período de transición.
___2. órganos sexuales.
___3. no determina el sexo.
___4. primera menstruación.
___5. crecimiento en estatura y peso.
___6. condiciones para reproducirse.
___7. madurez sexual.
___8. auto desnutrición.
___9. vomita grandes cantidades de alimento.
___10. enfermedad infecciosa.
___11. enfermedades de transmisión sexual.
___12. enfermedad venérea.
___13. epidemia del siglo
___14. proceso hacia la madurez sexual.
___15. señal para reproducirse.

a. Adolescencia
b. Anorexia
c. Bulimia
d. Crecimiento repentino
e. Características sexuales secundarias
f. Características sexuales primarias
g. ETS
h. Gonorrea
i. Menstruación
j. Menarquia
k. Pubertad
l. SIDA
m. Tendencia secular

Instruccional 2

A. Escribe todos los principios que deben regir la elaboración de un pareo e indica con una marca de cotejo si el pareo anterior cumple o no.

Número	Principio	Cumple	No Cumple
#1			
#2			
#3			
#4			
#5			
#6			
#7			
#8			
#9			

12. ¿Cuáles son las ventajas y desventajas del pareo?

A. Ventajas	B. Desventajas

Instruccional

13. ¿A qué conclusiones puedes llegar después de conocer cómo preparar un pareo correctamente?

_____
_____
_____
_____
_____
_____
_____

14. Realiza el pareo que tiene una sola respuesta por cada estímulo. (valor de 8 puntos)

____1. donde aparecen las columnas.   a. Dos o tres

____2. tema del material.   b. Estímulos

____3. número de respuestas.   c. Homogéneo

____4. número máximo de estímulos.   d. Orden lógico

____5. columna de más información.   e. Ocho o diez

____6. columna derecha.   f. Página

____7. puede seguir alfabeto.   g. Pareo

____8. tres columnas.   h. Respuestas

                                                                   i. Instrucciones

                                                                   j. Tema

Instruccional

SEGUNDA SECCIÓN

1. ¿Cómo construir ejercicios o "ítems" de selección múltiple?

El ejercicio de selección múltiple consiste de una premisa o raíz que sirve de base. Es considerado el mejor, el más versátil y el más valioso de todos. Se presta para medir todos los niveles de pensamiento de Benjamín Bloom (conocimiento, comprensión, aplicación, análisis, síntesis y evaluación).

Al construir un ejercicio de selección múltiple, primero se elabora la premisa donde se establece el problema central, claro y bien definido. Puede ser una declaración incompleta o una pregunta. Esta última se debe utilizar menos. Luego se procede a establecer varias alternativas para seleccionar la mejor contestación. Entre las alternativas se incluye una que es la correcta y tres o cuatro incorrectas o una que es la mejor o más completa. En esta última, hay una mejor o más completa que es la contestación adecuada. Las alternativas incorrectas se denominan distractores. Estos deben ser lo suficientemente atractivas para aquél que no sepa la contestación correcta.

Con relación a las ventajas que tiene el ejercicio de selección múltiple está la que reduce la posibilidad de adivinar cuando se usan suficientes alternativas. Por consiguiente, la rapidez o lentitud del estudiante al escribir, así como su corrección gramatical, no influyen en los resultados. Se puede evaluar gran cantidad de material en poco tiempo, ya que el estudiante no tiene que escribir la respuesta para cada pregunta. Además, el maestro puede corregirlo fácilmente con rapidez y objetividad.

Una desventaja del ejercicio de selección múltiple es que puede hacer énfasis en la memoria. Otra limitación es que el lector lento se puede afectar si el examen resulta largo. Es difícil redactar buenos "ítems" de selección múltiple, especialmente, si son para medir los niveles de pensamiento más complejos de síntesis y de evaluación.

A. Completa el siguiente llena blancos:

a. El ejercicio de selección múltiple consiste de _____ y de _____.

b. En la escuela elemental se usan _____ alternativas y en la escuela superior _____ alternativas.

Instruccional 2

    c. Este tipo de "ítem" se presta para medir todos los niveles de _____.

    d. El problema central debe estar _____ y _____.

    e. Se elabora primero el problema central que va en _____.

    f. Después de redactar el problema central se hacen _____.

    g. Se hacen _____ alternativas correctas y _____ incorrectas.

    h. A las alternativas incorrectas se les conocen como _____.

    i. Con el ejercicio de selección múltiple se puede probar gran cantidad de _____ en poco tiempo.

    j. Se corrige fácilmente con rapidez y con _____.

    k. Como cualquier otro tipo de "ítem", puede hacer énfasis en _____

l. Los "ítems" de selección múltiple son difíciles de construir, especialmente, si son de _____ y de _____.

2. Identifica las partes de este ítem de selección múltiple:

> De todos los ejercicios de evaluación, el que mayor prestigio tiene es el de:
>   a. cierto y falso.
>   b. llena blancos.
>   c. pareo.
>   d. selección múltiple.

¿ Cuál es la raíz, los distractores y la respuesta correcta?

_____

_____

_____

_____

3. Observa estos dos "ítems" de selección múltiple que aparecen a continuación:

• El "ítem" o ejercicio de selección múltiple es considerado el mejor, porque puede medir todos los niveles de pensamiento de Benjamín Bloom: conocimiento, comprensión, aplicación, análisis, síntesis y evaluación; pero, puede ser difícil de construir, especialmente, si se trata de los últimos dos niveles de pensamiento. Se puede decir entonces que:

    a. reduce grandemente la posibilidad de adivinar.
    b. puede probar gran cantidad de material en poco tiempo.
    c. es difícil construir buenos "ítems" de selección múltiple.
    d. se corrigen fácilmente con rapidez y objetividad.

• El "ítem" de selección múltiple es el que goza de más prestigio entre todos los "ítems" de evaluación, pero tiene una desventaja porque:

    a. mide todos los niveles de pensamiento de Bloom, excepto los últimos dos.
    b. puede hacer énfasis en la memoria.
    c. el lector lento puede tener problemas.
    d. es difícil de construir, especialmente, si son de síntesis y de evaluación.

Analiza los dos "ítems" anteriores en cuanto a semejanzas y diferencias.

A. Ventajas	B. Desventajas

Instruccional 2

Hay dos principios que se relacionan con los "ítems" anteriores:

Principio # 1:
El "ítem" debe ser lo más corto posible para facilitar la lectura.

Principio # 2:
Pese a ser breve, la premisa o raíz del "ítem" debe establecer el problema con toda claridad.

Una raíz muy extensa, como es el caso del primer "ítem", puede ofrecer información que facilite la selección de la alternativa.

En el segundo, el problema se establece en la raíz o premisa y está presentado en forma clara, precisa y, además, es breve, cumpliendo con los dos principios que se acaban de exponer y de discutir.

4. Observa este otro "ítem":
  • Del "ítem" de selección múltiple se puede decir que:

   a. es el de mayor prestigio.
   b. es como todos los "ítems".
   c. es difícil de construir.
   d. es fácil de corregir.

En el ejemplo anterior puede economizarse tiempo dedicado a la lectura, así como espacio, añadiendo a la raíz el verbo **es** para no repetirla en todas las alternativas.

Escribe el "ítem" correctamente.

A._____
_____

   a._____
   b._____
   c._____
   d._____

Instruccional

> El Principio que acabas de aplicar es el #3 que dice así:
>
> **Incluye en la raíz los elementos que sean comunes en todas las alternativas.**

5. Evalúa el siguiente "ítem":

   El "ítem" de selección múltiple para niños de escuela elemental debe tener:

   a. 2 a 3 alternativas.
   b. 3 a 4 alternativas.
   c. 4 a 5 alternativas.

   A. ¿Qué está bien en este "ítem", a la luz de lo estudiado en este módulo?

   _____
   _____
   _____
   _____
   _____

   B. ¿Qué está mal en este "ítem"?

   _____
   _____
   _____
   _____
   _____

Instruccional 2

C. El NO que aparece en la raíz podría pasar desapercibido por la presión de leer rápidamente. Es mejor refrasear la oración en forma positiva. Escribe el "ítem" correctamente.

_____

_____

_____

a._____
b._____
c._____

> El principio que acabas de aplicar es el #4:
>
> **Es preferible expresar la premisa en forma positiva.**

6. En el "ítem" que se presenta a continuación, observa cómo está redactada la raíz y analiza qué ocurre con relación a las alternativas.

El libro de cuentos titulado *Terrazo* fue escrito por el puertorriqueño:

   a. Amado Nervo.
   b. José de Diego.
   c. Abelardo Díaz Alfaro.
   d. Walt Whitman.
   e. Alfred Lord Tennyson.

A. De acuerdo con la raíz, ¿Cuáles son las posibles alternativas correctas?

_____

_____

_____

Instruccional 2

Aquí se reducen las alternativas a dos, ya que el uso de la palabra puertorriqueño en la raíz excluye a Whitman, Nervo y Tennyson.

> **El principio que no se siguió en este último "ítem" fue el #5:**
>
> **Evita usar en la raíz palabras, frases o ideas que te lleven a la mejor alternativa.**

7. En el próximo "ítem", que también está incorrecto, observa tanto la raíz como las alternativas.

La obra de teatro *La Carreta* habla acerca de la vida en:

    a. Francia.
    b. Inglaterra.
    c. Venezuela.
    d. Cuba.
    e. Puerto Rico.

    A. Saca por eliminación las alternativas que no contestan la premisa y escríbelas:

_____

_____

_____

_____

_____

_____

97

Instruccional 2

B. Aquí se reducen a tres las alternativas posibles porque hay dos países que son Francia e Inglaterra que, obviamente, no conocen la palabra carreta. Escribe correctamente el "ítem". Utiliza países latinoamericanos donde hablan español y tengan grandes posibilidades de que conozcan la palabra carreta.

_____

_____

_____

a._____
b._____
c._____
d._____

> El principio representado en este último "ítem" es el #6:
>
> Todas las alternativas deben ser plausibles.

8. En el "ítem" anterior, observa la cantidad de alternativas que tienen tanto en el "ítem" incorrecto como el correcto. ¿De qué tratan las mismas?

_____

_____

_____

_____

Todas las alternativas del ejemplo anterior incluyen países, pero si mezclaras verbos y adjetivos, ciudades y países le resta posibilidades a los distractores.

Instruccional

> El principio relacionado con este análisis es el #7:
>
> **Todas las alternativas deben ser homogéneas.**

9. Observa las alternativas del "ítem" de selección múltiple:

*El "ítem" de selección múltiple es muy útil para medir los niveles cognoscitivos. Éstos son:

    a. conocimiento y comprensión.
    b. aplicación y análisis.
    c. síntesis y evaluación.
    d. todas las anteriores.
    e. ninguna de las anteriores.

    A. ¿Cuáles de las alternativas son nuevas en este módulo, o más bien, es la primera vez que se han presentado en este trabajo, aunque se utilizan con frecuencia ?

_____
_____
_____
_____

Las alternativas como todas las anteriores o ninguna de las anteriores, alternativas a y c tienden a confundir al estudiante.

> El principio #8 dice:
>
> **Alternativas tales como: ninguna de las anteriores, todas las anteriores, alternativa a y c es preferible no usarlas.**

Instruccional

B. Como no se deben usar esas alternativas, corrige el "ítem" y redáctalo correctamente de acuerdo con el principio # 8.

_____

_____

_____

a._____
b._____
c._____
d._____
e._____
f._____

10. ¿Qué puede ocurrir si copias la alternativa correcta del texto?

A. _____

_____

_____

_____

Si se copia la alternativa correcta del texto, además de que el estudiante puede recordarla, las otras van a sonar forzadas y fácilmente identificables. La única excepción sería si se estuviera citando un verso, un personaje o una obra.

> El principio #9 es el que está asociado con esta explicación y dice así:
>
> Evita copiar premisas directamente del texto u otro material.

100

Instruccional

B. ¿A qué conclusión puedes llegar después de analizar lo expuesto?

_____
_____
_____
_____

11. ¿Qué puede pasar con los estudiantes que tengan mucha experiencia contestando este tipo de prueba?

_____
_____
_____
_____

Los estudiantes con mucha experiencia pueden adivinar la respuesta correcta porque ya han descubierto que las alternativas:

    a. más largas que el resto, generalmente, son correctas;
    b. que no tienen relación gramatical con la premisa, tienden a ser falsas;
    c. que tienen conceptos o ideas muy elaborados, tienden a ser correctos;
    d. que tienen palabras o frases idénticas o relacionadas con la premisa, tienden a ser correctivas;
    e. que se reconocen como copiadas del texto u otro material, son las correctas.

> **El principio asociado con esta explicación es el #10 que establece lo siguiente:**
>
> **Evita que las alternativas correctas sigan una pauta.**

Instruccional

12. Observa este "ítem" y evalúa su redacción.

¿Cuál es el "ítems" incorrecto? El que:

    a. no tiene en las alternativas los elementos comunes.
    b. tiene todas las anteriores y ninguna de las anteriores.
    c. no sigue una pauta.
    d. no tiene alternativas plausibles.

A. ¿Cuál es la alternativa que debes seleccionar, según lo establecido en la raíz o premisa?

_____
_____
_____
_____

Ciertamente la raíz o premisa te pide que selecciones la contestación incorrecta. Esto tiende a fijar en la memoria el concepto erróneo. Es preferible no hacerlo, especialmente, en la escuela elemental, porque los niños pueden confundirse y aprender los conceptos erróneos.

B. Escribe el "ítem" correctamente, de suerte que el estudiante que tenga que seleccionar el concepto correcto lo recuerde como debe ser:

_____
_____
_____
_____

    a._____
    b._____
    c._____
    d._____

Instruccional 2

El principio que aplicaste fue el #11 que dice así:

Evita escribir preguntas para escoger la contestación incorrecta.

13. Has observado que algunas pruebas presentan una gráfica, un párrafo o un diagrama y después aparecen varios "ítems" de selección múltiple que se deben contestar utilizando la gráfica, el párrafo o el diagrama. A continuación presentamos un ejemplo de lo que acabamos de decir, para que lo observes y lo evalúes.

Gráfica I:

Cursos, seminarios o talleres sobre calidad y áreas relacionadas, en las que han participado los niveles directivos y gerenciales.

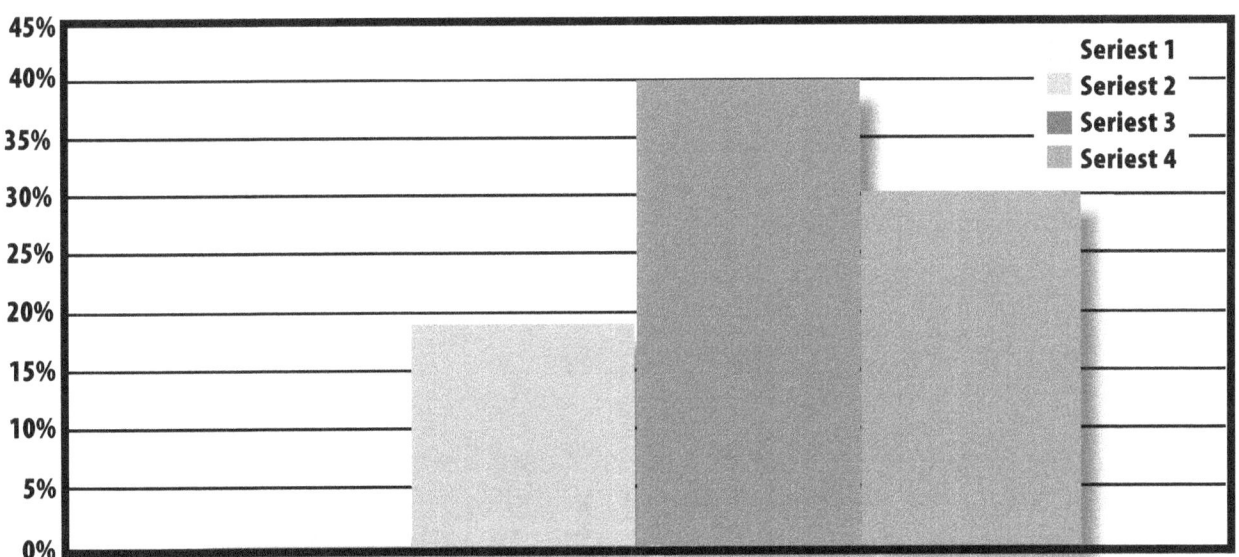

Cursos, seminarios o talleres a los que han asistido los directores y administradores.

- El por ciento menor que ha participado en cursos, seminarios o talleres sobre calidad y áreas relacionadas, según el histograma es:
    a. 2%.
    b. 5%.
    c. 40%.
    d. 20%.

Instruccional

- La categoría que mayor por ciento obtuvo fue la serie número 3. Esto quiere decir que un 40% de las directivas y gerenciales:

    a. no fue a los cursos, seminarios y talleres.
    b. fue a los cursos, seminarios y talleres.
    c. asistió, pero con dificultades.
    d. no los dejaron asistir.

    A. ¿Cuántos "ítems" surgen o están relacionadas con la gráfica #1?

    _____
    _____
    _____
    _____

    B. ¿Consideras que cada "ítem" tiene una idea independiente? ¿Por qué?

    _____
    _____
    _____
    _____

Es importante aclarar que la práctica anterior está bien hecha. Se pueden escribir varios "ítems" relacionados con el mismo párrafo, gráfica, mapa o diagrama. Sin embargo, cada "ítem" debe tener una idea independiente.

El principio relacionado es el #12:

Después de presentar una gráfica, un párrafo, un mapa o diagrama pueden escribirse varios "ítems" relacionados, pero cada uno debe presentar una idea independiente.

Instruccional

14. Ya se han discutido los trece principios básicos en la elaboración y redacción de "ítems" de selección múltiple. Completa la tabla que aparece a continuación con los principios básicos para la elaboración de ejercicios de selección múltiple:

Tabla: Principios básicos en la elaboración de "ítems" de selección múltiple.

Número del Principio	Principio
# 1	
# 2	
# 3	
# 4	
# 5	
# 6	
# 7	
# 8	
# 9	
# 10	
# 11	
# 12	

Instruccional

15. Enumera las ventajas y las desventajas del ejercicio de selección múltiple.

A. Ventajas	B. Desventajas

16. ¿A qué conclusiones puedes llegar después de conocer cómo se elaboran los "ítems" de selección múltiple?

_____
_____
_____
_____
_____
_____
_____
_____

Instruccional

17. Evalúa los siguientes "ítems" de selección múltiple. Identifica y menciona el principio relacionado.

A. Un líder prominente fue:

   a. Luis Muñoz Marín.
   b. Gabriel García Márquez.
   c. Isabel Allende.
   d. Abelardo Díaz Alfaro.

1. ¿Está correcto o no? ¿Por qué?

_____

_____

_____

2. Identifica el número del principio relacionado y menciónalo.

Número del Principio	Principio
# _____	

B. El principio de fotosíntesis le permite respirar a:

   a. la hoja.
   b. la fruta.
   c. la planta.
   d. la flor.

Instruccional 2

1. ¿Está correcto o no? ¿Por qué?

_____

_____

_____

2. Identifica el número del principio relacionado y menciónalo:

Número del Principio	Principio
# _____	

C. ¿Cuál de las siguientes NO es un ejercicio de pruebas objetivas?:

a. cierto y falso
b. llena blancos
c. pregunta de discusión
d. pareo
e. selección múltiple

1. ¿Está correcto o no? ¿Por qué?

_____

_____

_____

Instruccional

2. Identifica el número del principio relacionado y menciónalo.

Número del Principio	Principio
# _____	

D. Las siguientes características son de un ejercicio de selección múltiple, excepto:

    a. es útil medir todo tipo de nivel de pensamiento.
    b. reduce al mínimo los factores de adivinación.
    c. se puede corregir fácilmente con rapidez.
    d. es relativamente fácil de elaborar.

1. ¿Está correcto o no? ¿Por qué?

_____

_____

_____

2. Identifica el número del principio relacionado y menciónalo:

Número del Principio	Principio
# _____	

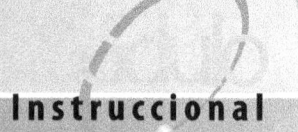

Instruccional

E. El cuento *El Josco* es del puertorriqueño:
   a. Luís Rafael Sánchez
   b. Gabriel García Márquez.
   c. Enrique Laguerre.
   d. Abelardo Díaz Alfaro.

   1. ¿Está correcto o no? ¿Por qué?

   _____
   _____
   _____

   2. Identifica el número del principio relacionado y menciónalo:

Número del Principio	Principio
# _____	

F. Un ejercicio de selección múltiple incluye las siguientes partes:
   a. premisa.
   b. alternativas.
   c. respuesta correcta.
   d. alternativa a y d.

   1. ¿Está correcto o no? ¿Por qué?

   _____
   _____
   _____
   _____
   _____

Instruccional

2. Identifica el número del principio relacionado y menciónalo:

Número del Principio	Principio
# _____	

G. ¿Cuál de las siguientes alternativas se relaciona con Puerto Rico?
   a. San Juan Bautista.
   b. pequeña isla.
   c. grande de corazón.
   d. Isla del Encanto.

1. ¿Está correcto o no? ¿Por qué?

_____

_____

_____

2. Identifica los números de los principios relacionados y menciónalos:

Número del Principio	Principio
# _____	
# _____	

Instruccional

18. Enumera el resto de los principios que no fueron incluidos en este último ejercicio.

Número del Principio	Principio
# _____	
# _____	
# _____	
# _____	

Instruccional

TERCERA SECCIÓN

1. Compara los cuatro ejercicios de las pruebas objetivas. Escribe una marca de cotejo en aquella característica que pertenezca al ejercicio identificado en el eje horizontal.

Características	Cierto y Falso	Llena Blancos	Pareo	Selección Múltiple
a. Mide todos los niveles de pensamiento				
b. Fácil de construir				
c. Fácil de valorar				
d. Difícil de construir				
e. Evita que el estudiante adivine				
f. El estudiante tiene que escribir				
g. Hace énfasis en la memoria				
h. El lector lento tiene problemas				
i. No es deseable para niños de escuela elemental				

2. ¿Cuál o cuáles de las características las poseen la mayoría de los ejercicios de evaluación?

_____

_____

_____

_____

_____

Instruccional 2

3. ¿Cuál o cuáles de las características son únicas? ¿A cuál de los ejercicios pertenece la misma?

4. ¿Cuáles de los ejercicios se parecen más en cuanto a las características que poseen?

5. ¿Cuál o cuáles de los ejercicios son diferentes en cuanto a sus características?

Instruccional

6. ¿Cuál de los ejercicios es más justo para evaluar? ¿Por qué? ¿Qué características posee que te llevan determinar que es el más justo?

_____
_____
_____
_____
_____
_____
_____
_____

7. ¿Cuál de los ejercicios consideras es menos justo? ¿Por qué? ¿Qué características posee que te llevan a determinar que es el menos justo?

_____
_____
_____
_____
_____
_____
_____
_____

8. Identifica a cuál o cuáles ejercicios de evaluación pertenece cada principio de la forma siguiente:

    El cierto y falso con un uno (1)
    El llena blancos con un dos (2)
    El pareo con un tres (3)
    La selección múltiple con un cuatro (4)

Instruccional 2

Principio	Número del Ejercicio de Evaluación
Cada "ítem" debe ser totalmente correcto o totalmente incorrecto, sin excepciones.	
Arregla la columna en un orden lógico.	
No coloques el blanco al inicio de la oración.	
Todas las alternativas deben ser plausibles.	
Las alternativas deben ser homogéneas.	
Evita copiar premisas directamente del texto u otro material.	
Evita que el "ítem" dependa de otro para su respuesta.	
Para facilitar la contestación, así como la valoración, es preferible colocar el espacio para la respuesta al lado izquierdo de los números.	
Evita escribir los "ítems" para escoger la contestación incorrecta.	
Evita omitir tantas palabras de la aseveración que haya que adivinar la idea.	

Instruccional

9. Escoge de la lista de principios al que pertenece el primer ejercicio de evaluación de cierto y falso. Escribe el número uno (1) al lado izquierdo de la letra.

Número del ejercicio de Evaluación	Principio
	A. Cada "ítems" debe presentar una sola idea.
	B. Es preferible que haya un solo blanco en cada oración para evitar confusión en la idea.
	C. Evita omitir tantas palabras de la oración que haya que adivinar la idea.
	D. Todos los "ítems" deben girar alrededor del mismo tema.
	E. Cada "ítems" debe presentar una sola idea de las anteriores o de las que siguen.
	F. Evita el uso del doble negativo en la oración.
	G. Usa aseveraciones que se completen con una palabra, frase, número o símbolo único y exclusivo.

10. Escoge de la lista de principios que aplica al siguiente ejercicio de evaluación de llena blancos. Escribe el numero dos (2) al lado izquierdo de la letra.

Número del ejercicio de Evaluación	Principio
	A. Los "ítems" no seguirán un patrón.
	B. Es preferible que haya un solo blanco en cada oración para evitar confusion en la idea.
	C. Mantén un balance entre el número de "ítems" ciertos y el número de falsos.
	D. Cada "ítems" debe presentar una sola idea, aislada de las anteriores o de las que siguen.
	E. Puedes escribir varios "ítems" en el mismo párrafo.

Instruccional

Número del ejercicio de Evaluación	Principio
	F. No incluyas menos de ocho (8) ni más de quince (15) "ítems" en la columna de respuestas.
	G. Indica claramente al estudiante si cada premisa responde a una sola respuesta o a dos o más respuestas.

11. Escoge de la lista de principios los que pertenecen al tercer ejercicio de evaluación del pareo. Escribe el número tres (3) al lado izquierdo de la letra.

Número del ejercicio de Evaluación	Principio
	A. Incluye de tres a cinco "ítems" en la columna de los principios.
	B. Haz los "ítems" lo más breves posible.
	C. Los "ítems" estarán libres de indicaciones que ayuden al estudiante a contestarlo.
	D. Explica el grado de precisión que se espera.
	E. El uso de palabras o frases como: generalmente, usualmente, de vez en cuando, siempre, nunca, a veces y jamás, crean ambigüedad en la oración.
	F. Evita el uso del doble negativo.
	G. Las alternativas deben ser homogéneas.

Instruccional

12. Escoge de la lista de principios que pertenecen al cuarto grupo de ejercicio de evaluación de selección múltiple. Escribe un número cuatro (4) al lado izquierdo de la letra.

Número del ejercicio de Evaluación	Principio
	A. Evita escribir preguntas para escoger la contestación incorrecta.
	B. Evita que los estudiantes con mucha experiencia contesten pruebas, adivinen la respuesta correcta porque hayan descubierto un patrón.
	C. Alternativas tales como: ninguna de las anteriores, todas las anteriores, alternativas a y b, y además, tienden a confundir.
	D. Es preferible expresar la premisa en forma positiva.
	E. Evita el uso del doble negativo.
	F. Evita usar "ítems" en términos negativos.
	G. Incluye en la raíz los elementos que sean comunes en todas las alternativas.

13. En la próxima sección evaluarás un examen que consigas. Enumera en cada parte los principios que no se cumplen y arréglalos de forma tal, que cumpla con los principios enumerados. Incluye el examen corregido como parte de este módulo.

Instruccional

Cuarta Sección

1. **Evalúa un examen de cualquier materia que tenga, por lo menos, dos de los ejercicios estudiados en este módulo instruccional. Por cada ejercicio enumera lo que está correcto y lo que está incorrecto y hazlo como lo aprendiste.**

   a. Primer ejercicio
   Lo que está correcto.

   1) _____

   2) _____

   3) _____

   4) _____

   5) _____

   6) _____

   7) _____

   8) _____

   9) _____

   10) _____

   Lo que está incorrecto:

   1) _____

   2) _____

   3) _____

   4) _____

   5) _____

   6) _____

Instruccional 02

7) _____

8) _____

9) _____

10) _____

Ejercicio corregido:

Instruccional 2

b. Continuación del ejercicio:
   Lo que está correcto

   1) _____
   2) _____
   3) _____
   4) _____
   5) _____
   6) _____
   7) _____
   8) _____
   9) _____
   10) _____

   Lo que está incorrecto:

   1) _____
   2) _____
   3) _____
   4) _____
   5) _____
   6) _____
   7) _____
   8) _____
   9) _____
   10) _____

Instruccional

Ejercicio corregido

___

¡ Muy bien !

**Has realizado una labor que merece una felicitación.
Ahora debes realizar la post-prueba que aparece a continuación
para que puedas corroborar cuánto aprendiste. Solo así,
sabrás si se lograron los objetivos de aprendizaje que se
trazaron al principio.**

VI. Hoja de respuestas del Módulo II

Primera Sección

1.
   a. alternativas múltiples
   b. premisas, respuestas
   c. tres
   d. página, tiempo
   e. homogéneas
   f. materias
   g. útil

2.
   A. No trata de solo un tema; es decir, a pesar de que es un tema de historia incluye cuándo debe ser, nombre solamente, años o pueblos.

   B. Es de varios temas relacionados.

   C. Cumple, pues el pareo tiene un tema homogéneo.

   D. No cumple, pues la columna de la derecha tiene los enunciados más largos.

3.
   A. No está en orden lógico.

   B.
   ___ 1. primera Miss Universo de Puerto Rico   a. Deborah Karthy Deu
   ___ 2. segunda Miss Universo de Puerto Rico   b. Denise Quiñones
   ___ 3. tercera Miss Universo de Puerto Rico   c. Marisol Malaret
   ___ 4. cuarta Miss Universo de Puerto Rico   d. Dayanara Torres
   ___ 5. tercera Miss Puerto Rico
   ___ 6. segunda Miss Puerto Rico
   ___ 7. cuarta Miss Puerto Rico

4.
   A. cuatro
   B. 6 a 7
   C. No cumple, porque si hacemos correctamente las columnas de las premisas, que debe tener por lo menos 8, pero no más de 15, dependiendo cuántos sean, añadimos de 2 a 3 en la columna de respuestas.

Instruccional

5.
   A. No

6.
   2. No cumple
   3 A. No cumple
   3 B. No cumple

7.
   A. Ninguno cumple con el principio #7, porque al lado de los números no hay los espacios en blanco para escribir las respuestas.

8. El de la derecha es el mejor redactado porque está escrito en forma breve.

   A. El de la derecha es el correcto porque está escrito en forma breve.
   B. El de la derecha es el correcto porque está escrito en forma breve.

9. A. Escribe la letra que le corresponde en la columna del lado izquierdo. Solo hay una premisa para cada estímulo. Sobran dos en la columna de respuestas (20 puntos)

10.

Número del Principio	Principios básicos para la elaboración y redacción del pareo
#1	Todos los "ítems" en un pareo deben tener o expresar un tema similar. El tema debe ser homogéneo.
#2	La columna de las respuestas que va a la derecha tiene los enunciados más cortos.
#3	La lista de respuestas debe ir en orden lógico.
#4	Incluya en la columna de respuestas adicionales a las que debe tener la columna de estímulos o premisas.
#5	La mayor cantidad de información debe ir en la columna de los estímulos o premisas de la izquierda.
#6	No incluya menos de 8 ni más de 15 "ítems" en la columna izquierda de los estímulos o premisas.
#7	Es preferible colocar el espacio en blanco de la respuesta, al lado de los números que identifican la columna del lado izquierdo.
#8	Haz los "ítems" lo más breve posible.
#9	Indica claramente al estudiante si cada premisa responde a una sola respuesta, a dos o más.

Instruccional

11.A.

Número del Principio	Principio	Sí o No Cumple
#1	Todos los "ítems" en un pareo deben tener o expresar un tema similar. El tema debe ser homogéneo.	No
#2	La columna de las respuestas que va a la derecha tiene los enunciados más cortos.	Sí
#3	La lista de respuestas debe ir en orden lógico.	Sí
#4	Incluye en la columna de respuestas adicionales a las que deben tener, la columna de estímulos o premisas.	No
#5	La mayor cantidad de información debe ir en la columna de los estímulos o premisas de la izquierda.	Sí
#6	No incluyas menos de 8 ni más de 15 "ítems" en la columna izquierda de los estímulos o premisas.	Sí
#7	Es preferible colocar el espacio en blanco de la respuesta, al lado de los números que identifican la columna del lado izquierdo.	Sí
#8	Haz los "ítems" lo más breve posible.	Sí
#9	Indica claramente al estudiante si cada premisa responde a una sola respuesta, a dos o más.	No

12.

A. Ventajas	B. Desventajas
1. Puede utilizarse en todas las materias.	1. No puede utilizarse en la unidad de trabajo en la que es difícil conseguir items que sean homogéneos.
2. Reduce al mínimo la posibilidad de adivinar si está bien construido.	
3. Útil para medir localización, definiciones, asociaciones, relaciones de causa y efecto, relaciones de secuencia y cronología, homónimos, antónimos, principios gramaticales y otros.	2. Si no está bien construido puede consumir mucho tiempo al estudiante.

13. Después de conocer cómo hacer un pareo, concluyo que hay que saber construirlo para que evalúe lo que se quiere evaluar en forma correcta.

Instruccional

14.

   <u> f </u> 1.
   <u> c </u> 2.
   <u> a </u> 3.
   <u> e </u> 4.
   <u> b </u> 5.
   <u> h </u> 8.
   <u> d </u> 7.
   <u> g </u> 8.

Segunda Sección

1.
  A.
    a. una premisa o raíz; cuatro a cinco alternativas
    b. tres, cuatro o cinco
    c. pensamientos
    d. claro y bien definido
    e. la raíz o premisa
    f. las alternativas
    g. una y 3 a 4
    h. distractores
    i. material
    j. objetivivad
    k. la memoria
    l. síntesis y de evaluación

2.
- La raíz es: de todos los ejercicios de evaluación el que mayor prestigio tiene es el de:
- Los distractores son:
    a. cierto y falso.
    b. llena blancos
    c. pareo
- La respuesta correcta es la d: selección múltiple.

3.

A. Semejanzas	B. Diferencias
Tratan del mismo tema, respecto al ejercicio de evaluación de selección múltiple con sus ventajas y desventajas.	El primero tiene la raíz muy larga y con muchos datos y el segundo es más preciso.

Instruccional

4.
   A. El "ítem" de selección múltiple se puede decir que es:
      a. el de mayor prestigio.
      b. como todos los items.
      c. difícil de construir
      d. fácil de corregir.

5.
   A. La raíz está clara y precisa.
   B. La palabra alternativas se puede poner en la raíz o premisa y reestructurarlo.
   C. El ítem de selección múltiple en la escuela elemental tiene las alternativas siguientes:
      a. 2 a 3.
      b. 3 a 4.
      c. 4 a 5.

6.
   A. José de Diego
      Abelardo Díaz Alfaro

7.
   A. Francia
      Inglaterra
   B. La obra dramática *La Carreta* habla acerca de la vida en:
      a. República Dominicana
      b. Perú
      c. Venezuela
      d. Cuba
      e. Puerto Rico

8.
   De países

9.
   A. Todas las anteriores.
      Ninguna de las anteriores.
   B. El ítem de selección múltiple es muy útil para medir los niveles cognoscitivos que son:
      a. conocimiento
      b. comprensión
      c. aplicación
      d. análisis
      e. síntesis
      f. evaluación

Instruccional

10.
   A. Que los estudiantes la recuerden o lo saquen bien.
   B. Concluyo que no se puede copiar del material del texto para hacer el ejercicio de selección múltiple.

11. Que lo puedan adivinar y que descubran algún patrón o que recuerden el material.

12.
   A. La incorrecta
   B. El ítem de selección múltiple que está bien construido es el que:
      a. no tiene elementos comunes en las alternativas.
      b. no utiliza todas las anteriores, ninguna de las anteriores.
      c. tiene distractores o alternativas plausibles.
      d. no tiene distractores o alternativas plausibles.

13.
   A. dos "ítems"
   B. Si el segundo "ítem" no depende del primero, aunque se relaciona con la gráfica.

14.

Número del Principio	Principios básicos en la elaboración de ítems de selección múltiples
#1	El "ítem" debe ser lo más corto posible para facilitar la lectura. Además, una raíz muy extensa puede ofrecer información que facilite la selección de la alternativa.
#2	Pese a ser breve, la premisa o raíz del "ítem" debe establecer el problema o la pregunta con toda claridad.
#3	Incluya en la raíz los elementos que sean comunes en todas las alternativas.
#4	Es preferible repasar la premisa en forma positiva.
#5	Evite usar en la raíz palabras, frases o ideas que le lleven a la siguiente alternativa.
#6	Todas las alternativas deben ser plausibles.
#7	Todas las alternativas deben ser homogéneas.
#8	Alternativas tales como: ninguna de las anteriores, todas las anteriores, alternativas a y c es preferible no usarlas.

Instruccional

Número del Principio	Principio
# 9	Evita copiar premisas directamente del texto u otro material.
# 10	Evita que las alternativas correctas sigan una pauta.
# 11	Evita escribir preguntas para escoger la contestación incorrecta.
# 12	Después de presentar una gráfica, un párrafo, un mapa o un diagrama, pueden escribirse varios items relacionados, pero cada uno debe presentar una idea independiente.

15.

A. Ventajas	B. Desventajas
1. Reduce grandemente la posibilidad de adivinar si se usan suficientes alternativas.	1. Puede hacer énfasis en la memoria.
2. La rapidez o lentitud del estudiante al escribir, así como su corrección gramatical, no influyen en los resultados.	2. El lector lento se puede afectar.
3. Se puede probar gran cantidad de material en poco tiempo ya que el estudiante no tiene que escribir la respuesta para cada pregunta.	3. Es difícil construir buenos items para medir todos los niveles de pensamientos de Bloom; particularmente, las de síntesis y de evaluación.
4. El maestro puede corregirlo fácilmente con rapidez y objetividad.	

16. Concluyo que el "ítem" de selección múltiple es el mejor ejercicio de evaluación y el de mayor prestigio.

17.
  A.
    1. No está correcto porque cuando dice líder prominente reduce la posibilidad a la alternativa correcta porque los otros tres son escritores.

Instruccional

2.

| # 5 | Evita usar en la raíz palabras, frases o ideas que te lleven a la mejor alternativa. |

B.
1. No, porque el elemento común es el que se puede poner en la raíz.
2.

| # 3 | Incluye en la raíz los elementos que sean comunes en todas las alternativas. |

C.
1. Sí, está correcto, porque aunque utilicen el **NO**, lo identifica y lo resalta.
2.

| # 4 | Es preferible expresar la premisa en forma positiva. |

D.
1. No, porque pide que se escoja la alternativa incorrecta.
2.

| # 11 | Evita escribir preguntas para escoger la contestación incorrecta. |

E.
1. No, porque al tener en la raíz la palabra puertorriqueño reduce las posibilidades a dos alternativas.
2.

| # 6 | Todas las alternativas deben ser plausibles. |

F.
1. No, porque utiliza la alternativa que dice alternativa a y d.
2.

| #8 | Alternativas tales como; ninguna de las anteriores, todas las anteriores y alternativas a y c es preferibles no usarlas. |  |

G.
1. No, porque no son las alternativas homogéneas y el problema no está claro.
2.

| #7 | Todas las alternativas deben ser homogéneas. |  |

| #2 | Pese a ser breve, la premisa o raíz del "ítem" debe establecer el problema con toda claridad. |  |

18.

Número del Principio	Principios que no fueron incluídos en el último ejercicio	
#9	Evita copiar premisas directamente del texto u otro material.	
#10	Evita que las alternativas correctas sigan una pauta.	
#11	Evita escribir "ítems" para escoger la contestación incorrecta.	
#12	Después de presentar una gráfica, un párrafo, un mapa o diagrama pueden escribirse varios items relacionados, pero cada uno debe presentar una idea independiente.	

Instruccional 02

Tercera Sección

1. Identificación de características por ejercicios de evaluación.

Características	Cierto y Falso	Llena Blancos	Pareo	Selección Múltiple
a. Mide todos los niveles de pensamiento.				✓
b. Fácil de construir.			✓	
c. Fácil de valorar.	✓			✓
d. Difícil de construir.	✓	✓		✓
e. Evita que el estudiante adivine.		✓	✓	✓
f. El estudiante tiene que escribir.		✓		
g. Hace énfasis en la memoria.	✓		✓	
h. El lector lento tiene problemas.	✓			✓
i. No es deseable para niños de escuela elemental.	✓			

2. Difícil de construir.

3. Mide todos los niveles de pensamiento.
   Fácil de contruir.
   El estudiante tiene que escribir.
   El lector lento tiene problemas.
   No es deseable para niños de escuela elemental.

4. cierto y falso
   selección múltiple

5. llena blancos
   pareo

6. El de selección múltiple, porque es el que reúne la mayoría de las características positivas.

Instruccional

7. El de cierto y falso, porque es el que más características negativas tiene.
8.

Principio	Número del Ejercicio de Evaluación
Cada "ítems" debe ser totalmente correcto o totalmente incorrecto, sin excepciones.	1
Arregla la columna en un orden lógico.	3
No coloques el blanco al inicio de la oración.	2
Todas las alternativas deben ser plausibles.	4
Las alternativas deben ser homogéneas.	4
Evita copiar premisas directamente del texto u otro material.	1,2,3,4
Evita que el "ítems" dependa de otro para su respuesta.	1
Para facilitar la contestación, así como la valoración, es preferible colocar el espacio para la respuesta al lado izquierdo de los números.	3
Evita escribir los "ítems" para escoger la contestación incorrecta.	4
Evita omitir tantas palabras de la aseveración que haya que adivinar la idea.	2

Instruccional

9. Identificación de principios del ejercicio de evaluación del cierto y falso.

Número del ejercicio de Evaluación	Principio
1	A. Cada "ítems" debe presentar una sola idea.
	B. Es preferible que haya un sólo blanco en cada oración para evitar confusión en la idea.
	C. Evita omitir tantas palabras de la oración que haya que adivinar la idea.
1	D. Todos los "ítems" deben girar alrededor del mismo tema.
1	E. Cada "ítems" debe presentar una sola idea de las anteriores o de las que siguen.
1	F. Evita el uso del doble negativo en la oración.
	G. Usa aseveraciones que se completen con una palabra, frase, número o símbolo único y exclusivo.

10. Identificación de principios del ejercicio de evaluación de llena blancos.

Número del ejercicio de Evaluación	Principio
	A. Los "ítems" no seguirán un patrón.
2	B. Es preferible que haya un solo blanco en cada oración para evitar confusión en la idea.
	C. Mantén un balance entre el número de "ítems" ciertos y el número falsos.
	D. Cada "ítems" debe presentar una sola idea, aislada de las anteriores o de las que siguen.
	E. Puedes escribir varios "ítems" en el mismo párrafo.

Número del ejercicio de Evaluación	Principio
	F. No incluyas menos de ocho (8) ni más de quince (15) items en la columna de respuestas.
	G. Indica claramente al estudiante si cada premisa responde a una sola respuesta o a dos o más respuestas.

11. Identificación de los principios del ejercicio de evaluación de pareo.

Número del ejercicio de Evaluación	Principio
3	A. Incluye de tres a cinco items adicionales en la columna de los principios.
	B. Haz los "ítems" lo más breves posible.
	C. Los "ítems" estarán libres de indicaciones que ayuden al estudiante a contestarlo.
	D. Explica el grado de precisión que esperas.
	E. El uso de palabras o frases como: generalmente, usualmente, de vez en cuando, siempre, nunca, a veces y jamás, crean ambigüedad en la oración.
	F. Evita el uso del doble negativo.
3	G. Las alternativas deben ser homogéneas.

Instruccional

12. Identificación de los principios del ejercicio de evaluación de selección múltiple.

Número del ejercicio de Evaluación	Principio
4	A. Evita escribir preguntas para escoger la contestación incorrecta.
	B. Evita que los estudiantes con mucha experiencia contestando pruebas, adivinen la respuesta correcta porque hayan descubierto un patrón.
4	C. Alternativas tales como: ninguna de las anteriores, todas las anteriores, alternativas a y b, y demás, tienden a confundir.
	D. Es preferible expresar la premisa en forma positiva.
	E. Evita el uso del doble negativo.
	F. Evita usar "ítems" en términos negativos.
4	G. Incluye en la raíz los elementos que sean comunes en todas las alternativas.

Instruccional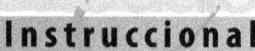

Cuarta Sección

1.

   a. Primer ejercicio
      Lo que está correcto.

      1) _____

      2) _____

      3) _____

      4) _____

      5) _____

      6) _____

Lo que está incorrecto:

      1) _____

      2) _____

      3) _____

      4) _____

      5) _____

      6) _____

   Ejercicio corregido:

_____

_____

_____

_____

_____

_____

_____

b. Continuación del ejercicio:
   Lo que está correcto

   1) _____

   2) _____

   3) _____

   4) _____

   5) _____

   6) _____

   Lo que está incorrecto:

   1) _____

   2) _____

   3) _____

   4) _____

   5) _____

   6) _____

Instruccional 2

Ejercicio corregido:

Instruccional

VII Post-prueba

A través de esta post-prueba podrás determinar cuánto y qué sabes sobre la lección estudiada. Demostrarás si conoces bien cómo elaborar ejercicios de pruebas objetivas; por lo tanto, la misma no va a ser calificada. Lee cada oración y selecciona la alternativa que mejor complete el sentido de la oración.

A. Escoge la mejor contestación (10 puntos)

11. El tercer ejercicio de evaluación de pareo (3):

    a. no se utiliza para medir aseveraciones, definiciones, etc.
    b. debe aparecer en una sola página.
    c. no reduce la posibilidad de adivinar.
    d. su contestación puede consumir mucho tiempo al maestro.

12. Un principio aplicable al tercer ejercicio de evaluación es:

    a. las respuestas se arreglan en orden lógico.
    b. las premisas se arreglan en orden lógico.
    c. los items presentan una sola idea evaluada de los anteriores.
    d. los items deben mantener un balance en las dos columnas.

13. El cuarto ejercicio de evaluación de selección múltiple (4) puede:

    a. hacer énfasis en la memoria.
    b. minimizar la adivinación.
    c. evaluar el nivel de pensamiento de análisis.
    d. no afectar al lector lento.

14. Una ventaja del ejercicio de selección múltiple (4) es que:

    a. es fácil de construir.
    b. hace énfasis en la memoria.
    c. se penaliza al lector lento en la elaboración.
    d. mide todos los niveles de pensamiento.

15. En el ejercicio de selección múltiple las alternativas como ninguna de las anteriores, todas las anteriores, alternativas a y b y alternativa c:

    a. se pueden obviar.
    b. se deben utilizar.
    c. se pueden evitar.
    d. no se deben utilizar.

Instruccional 2

16. **El ejercicio de evaluación que tiene más prestigio es el de:**

    a. cierto y falso (1).
    b. llena blancos (2).
    c. pareo (3).
    d. selección múltiple (4).

17. **El ejercicio de evaluación más difícil de construir es el de:**

    a. cierto y falso (1).
    b. llena blancos (2).
    c. pareo (3).
    d. selección múltiple (4)

18. **El ejercicio que puede medir todos los niveles de pensamiento de Benjamín Bloom (memoria, comprensión, aplicación análisis, síntesis y evaluación) es el de:**

    a. cierto y falso (1).
    b. llena blancos (2).
    c. pareo (3).
    d. selección múltiple (4).

19. **El ejercicio de evaluación que debe aparecer todo en una sola página para que el estudiante no se confunda ni pierda mucho tiempo es el de:**

    a. cierto y falso (1).
    b. llena blancos (2).
    c. pareo (3).
    d. selección múltiple (4).

20. **El ejercicio de evaluación que puede cubrir gran cantidad de material en poco tiempo, ya que el estudiante no tiene que escribir la respuesta es el de:**

    a. cierto y falso (1).
    b. llena blancos (2).
    c. pareo (3).
    d. selección múltiple (4).

Instruccional

B. Evalúa este pareo. No tienes que completarlo. Solo observa y examina lo que esta mal hecho para realizar la parte B.1 que aparece a continuación (10 puntos).

Columna A   Columna B

____ 1. el país cuyos reyes dieron dinero y barcos.   A. Filadelfia

____ 2. la ciudad más antigua en Estados Unidos.   B. San Agustín

____ 3. un cuáquero famoso.   C. William Penn

____ 4. la primera colonia inglesa en Estados Unidos.   D. Peregrinos

____ 5. una ciudad en Florida.   E. Cartier

____ 6. la ciudad del "amor fraternal".   F. España

____ 7. el primer francés en explorar América.   G. Jamestown

____ 8. se le conoce como el fundador de Connecticut.   H. Magallanes

____ 9. desembarcaron en la Roca de Plymouth.   I. Thomas Hooker

____ 10. dio la vuelta al mundo en barco.   J. Miami

B.1 Identifica los aspectos que están incorrectos en este pareo y señala el principio relacionado que debió seguirse.

_____
_____
_____
_____
_____
_____

Instruccional 2

C. Evalúa los "ítems" de selección múltiple. No tienes que completarlo. Solo observa y examina lo que esta mal hecho para realizar la parte C.1 que aparece a continuación (10 puntos).

1. América del Sur es:

    a. un pueblo.
    b. un país.
    c. un continente.
    d. un océano.

2. Puerto Rico no está en la zona:

    a. tropical.
    b. templada.
    c. del estrecho de Greenwood.
    d. del Mar Caribe.

3. ¿Quién es el que conquistó a Puerto Rico?

    a. José Martí.
    b. Thomas Jefferson.
    c. Louis Pasteur.
    d. Cristóbal Colón.

4. El país que no tiene una población de ancianos grande es:

    a. China.
    b. Japón.
    c. Lima.
    d. Bogotá.

Instruccional 02

C.1 Indica el "ítem" que no está bien hecho e identifica el principio relacionado que debió seguirse.

_____
_____
_____
_____

Módulo 3
Instruccional

¿ CÓMO REDACTAR EJERCICIOS DE EVALUACIÓN PARA PRUEBAS SUBJETIVAS ?

- PREGUNTAS DIRECTAS
- PREGUNTAS DE DISCUSIÓN PARA PRUEBAS DE ENSAYO

Sub-Índice

Páginas

Módulo III ¿ Cómo redactar ejercicios de evaluación para pruebas subjetivas. ? (preguntas directas y preguntas de discusión para pruebas de ensayo)

I. Introducción 149

II. Objetivos de
   Aprendizaje.. 150

III. Pre-Prueba 151

IV. Materiales 157

V. Actividades 158

    A. Primera Sección 158

    B. Segunda Sección 166

    C. Tercera Sección 178

    D. Cuarta Sección 188

VI. Hoja de Respuestas 193

VII. Post-Prueba 209

I - Introducción

En este módulo instruccional, tendrás la oportunidad de aprender a hacer pruebas subjetivas de preguntas de discusión o de ensayo. Este módulo es una lección para que trabajes individualmente. A través del mismo aprenderás a elaborar las preguntas de discusión y a cómo corregirlas, de forma tal que al evaluarlas seas justo. Te tomará alrededor de 45 minutos completarlo. En la sección de la hoja de respuesta aparecerá la contestaciones correctas.

Las partes del módulo son

I- Introducción

II- Objetivos de aprendizaje

III- Pre-prueba

IV- Materiales

V- Actividades de aprendizaje

    A. Primera Sección

    B. Segunda Sección

    C. Tercera Sección

    D. Cuarta Sección

VI- Hoja de respuestas

VII- Post-prueba

Te invito a realizar esta lección para que aprendas a elaborar ejercicios de pruebas subjetivas. Puedes llevar a cabo las actividades en el mismo módulo. Los ejercicios van aumentando en orden de complejidad. Recuerda que puedes verificar las contestaciones de los ejercicios en la hoja de contestaciones Ahora puedes empezar a trabajar.

¡Éxito!

Instruccional

II- **Objetivos de Aprendizaje**

En esta parte encontrarás los objetivos operacionales o el propósito hacia el cual te diriges al estudiar este módulo. Cuando leas los objetivos, comprenderás lo puedes aprender al finalizar el estudio de este módulo instrucional.

Después de estudiar este módulo:

A. Distinguirás la diferencia entre pruebas objetivas y pruebas subjetivas.

B. Distinguirás lo que es una pregunta directa y qué es una pregunta de discusión para pruebas de ensayo con exactitud.

C. Reconocerás la importancia de redactar correctamente los ejercicios de pruebas subjetivas.

D. Enumerarás los principios básicos para elaborar las preguntas de discusión o de ensayo con un 95 % de adecuacidad.

E. Señalarás las ventajas y las desventajas de las preguntas de discusión o de ensayo con un 85 % de corrección.

F. Llegarás a conclusiones, después de aprender a elaborar las preguntas de discusión con un 80 % de adecuacidad.

G. Discutirás sugerencias para corregir las preguntas de discusión o de ensayo con un 80 % de amplitud.

Instruccional

III- PRE-PRUEBA

A través de esta pre-prueba podrás determinar cuánto y qué sabes sobre la lección que vas a estudiar. El propósito es saber si conoces bien cómo elaborar ejercicios de pruebas subjetivas.

Pre-prueba

A. Escoge la mejor contestación:

21. **Lo que distingue las pruebas objetivas de las subjetivas es que en las:**

    a. primeras el examinador no interviene en la elaboración y corrección de la prueba con sus opiniones, sentimientos y valores.

    b. primeras el examinador y el examinado no intervienen, en ningún momento, con sus opiniones, sentimientos y valores.

    c. segundas el examinador y el examinado no intervienen, en ningún momento, con sus opiniones, sentimientos y valores.

    d. segundas el examinador no interviene en la elaboración y corrección de las pruebas con sus opiniones, sentimientos y valores.

22. **La pregunta directa se diferencia de la pregunta de discusión porque en la primera:**

    a. la respuesta es limitada y en la segunda no.
    b. se va más allá de recordar y entender y en la segunda no.
    c. se requiere seguir unas instrucciones y en la segunda no.
    d. el estudiante provee la solución a un problema y en la segunda no.

23. Una ventaja de la pregunta directa es que:

    a. el estudiante tiene la oportunidad de crear lo que va a expresar en forma escrita.
    b. el estudiante piensa, calcula y estima antes de llegar a una respuesta.
    c. mide la capacidad de escoger, organizar, seleccionar, relacionar y evaluar las ideas del estudiante.
    d. son fáciles de construir por el maestro (a) o profesor (a).

24. Un principio que se debe seguir para redactar una pregunta directa es:

    a. evita usar la palabra "discuta".
    b. no des preguntas opcionales.
    c. use varias preguntas que requieran discusión en vez de una sola.
    d. la pregunta debe ser breve, clara y específica.

25. La pregunta de discusión pertenece a las pruebas:

    a. objetivas.
    b. subjetivas.
    c. diagnósticas.
    d. de ejecución.

26. La característica que representa a las preguntas de discusión o de ensayo es que:

    a. se utiliza en la escuela elemental.
    b. va más allá de meramente recordar y entender.
    c. miden solo memoria e interpretación.
    d. es la más versátil.

27. Un principio que pertenece a la construcción de pruebas de ensayo es el que dice que:

    a. las alternativas deben ser homogéneas.
    b. haz los items lo más breve posible.
    c. evita usar oraciones copiadas directamente del texto u otro material.
    d. escribe de modo que todos los estudiantes se ocupen del mismo problema.

Instruccional 3

28. La prueba de discusión o de ensayo mide, además de organización y secuencia de ideas, la:

    a. comprensión del asunto.
    b. memoria.
    c. forma o estilo de expresión.
    d. forma de escribir.

29. Una ventaja de la pregunta de discusión o ensayo es que:

    a. el lector lento se perjudica.
    b. estimula a estudiar y a aprender de forma interrelacionada.
    c. hace énfasis en la memoria.
    d. se presta para la memorización.

30. Lo que no se debe hacer al redactar una pregunta de discusión o ensayo es:

    a. usar la palabra discuta.
    b. poner el tiempo que se necesita para contestar la pregunta.
    c. usar pocas preguntas que requieran mucha discusión.
    d. hacer preguntas cerradas.

31. Lo más importante en la corrección de una pregunta de discusión es que se:

    a. prepare un plan.
    b. sigua un orden.
    c. redacte una hoja de cotejo.
    d. logre el objetivo.

32. La sugerencia para la corrección de una pregunta de discusión que requiere más tiempo es:

    a. frasea la pregunta de modo que solo haya una respuesta posible.
    b. calcula el tiempo que le tomará a los estudiantes.
    c. sigue un orden.
    d. asigna puntuación a cada aspecto.

33. El método para la corrección y calificación de pruebas de discusión sugerido por Greene es el:

    a. analítico.
    b. integral.
    c. "gestalt".
    d. por puntos.

34. El método para la corrección y calificación de pruebas de discusión que requiere que el examinador lea cada trabajo y le asigne una categoría de excelente, bueno, regular, pobre es el:

    a. analítico.
    b. integral.
    c. por puntos.
    d. de distribución.

35. El método de corrección y calificación de pruebas de discusión que sugiere Cirino, que requiere que se califiquen distintos aspectos por separado es el:

    a. analítico.
    b. integral.
    c. por puntos.
    d. de distribución.

36. El método de corrección y calificación de preguntas de discusión, en el que se requiere leer todos los exámenes y luego releerlos para asignarle notas numéricas o letras de acuerdo con los grupos que se hicieron de los exámenes es el:

    a. analítico.
    b. integral.
    c. por puntos.
    d. de distribución.

Instruccional

37. Las sugerencias para la corrección y calificación de una pregunta de discusión y el método que seleccionamos para corregirlos nos permiten ser más:

   a. objetivos.
   b. justos.
   c. subjetivos.
   d. apropiados.

38. Es preferible usar expresiones como: compare, critique, analice, resuma, etc. en una pregunta de discusión, porque:

   a. el término discuta es muy general y carece de dirección.
   b. éstas deben ser de poca discusión.
   c. éstas deben medir logros que no pueden ser medidos en pruebas objetivas.
   d. pueden resultar ambiguas.

39. Los maestros utilizan las pruebas de ensayo porque éstas:

   a. ofrecen libertad de expresión a los estudiantes.
   b. dan una visión completa del conocimiento de los estudiantes.
   c. son útiles para evaluar los niveles superiores del área cognoscitiva de análisis, síntesis y evaluación.
   d. dan oportunidad de poner en práctica las destrezas gramaticales y de composición.

40. Si fuésemos a resumir lo que se debe conocer sobre las pruebas subjetivas, se tiene que decir que hay:

   a. dos tipos de preguntas.
   b. la pregunta estructurada y la no estructurada.
   c. que saber cómo redactar las preguntas, corregirlas y calificarlas.
   d. que seguir los principios de elaboración y las sugerencias de corrección y calificación.

Instruccional

IV- **Materiales**

A. Los materiales que necesitas para realizar el módulo instrucional son:

1. lápiz

2. hojas de papel en blanco

3. libreta de apuntes

4. examen de cualquier materia que tenga, por lo menos, dos preguntas de discusión o de ensayo

¡Muy bien!

Ahora que ya sabes cuánto conoces sobre el tema, empezarás a realizar unas actividades que te permitirán aprender lo que necesitas.

V- ACTIVIDADES

A. Primera Sección

En este módulo instruccional estudiarás cómo elaborar pruebas subjetivas. Los ejercicios que pertenecen a esta prueba son la **pregunta directa** y la **pregunta de discusión para pruebas de ensayo**.

La pregunta directa es aquella que requiere la respuesta a una pregunta, seguir instrucciones y completar una idea. La pregunta que responde a qué, quién, cuándo, cuál y dónde, así como a las instrucciones de hacer una lista, bosquejo y describir se incluyen en la pregunta directa, ya que en términos generales se limita la respuesta. La pregunta de discusión para pruebas de ensayo es aquella que mide la organización y secuencia de ideas, así como la forma o estilo de expresión. En ésta el estudiante desarrolla la pregunta de discusión expresando todo lo que sabe en forma escrita y organizada.

Finalmente, concluimos que las pruebas subjetivas son aquellas en las que pueden entrar en juego los valores, sentimientos y opiniones, tanto del examinado como del examinador. Sin embargo, si se siguen unos principios en la redacción de las preguntas y sugerencias en la corrección de las mismas, se puede minimizar la imprecisión de la evaluación de este tipo de prueba.

En este módulo tendrás la oportunidad de aprender los principios para redactarlas y las sugerencias para corregirlas.

1. ¿Cómo construir el ejercicio de pregunta directa?

La pregunta directa es aquella donde el estudiante debe proveer una respuesta en la forma que prefiera. En otras palabras, el examinador fórmula una pregunta al examinado para que responda a qué, quién, cuándo, cuál y dónde. El estudiante debe seguir unas instrucciones, hacer una lista, bosquejar o describir, etc. La respuesta está limitada por las instrucciones impartidas.

El ejercicio de pregunta directa sigue la forma natural e inquisitiva del estudiante. Le permite pensar, calcular y estimar, antes de llegar a una respuesta; generalmente, es muy útil para la solución de problemas. Otra ventaja que tiene es que elimina totalmente la posibilidad de adivinar. Sin embargo, si se estructura mal, la pregunta puede conducir a medir la memoria. Además, la valoración puede resultar difícil si el examinador no establece los criterios previamente.

Instruccional

   a. **Completa el ejercicio de llena blancos.**

   1) En el ejercicio de la pregunta directa el estudiante debe proveer _____.

   2) Las preguntas directas son aquellas en las cuales se responde a qué, quién, cuándo, cuál y _____.

   3) El examinado debe seguir _____.

   4) En la pregunta directa la respuesta está _____.

   por las instrucciones impartidas por el examinador.

   5) Una ventaja del ejercicio de pregunta directa es que le permite al estudiante _____, _____ y _____ _____ antes de llegar a una respuesta.

   6) La pregunta directa es útil para _____.

   7) Si se estructura mal, la pregunta directa puede conducir a medir _____.

   8) Si el maestro establece unos _____ previamente no es difícil su valoración.

2. De los ejercicios de pregunta directa que aparecen a continuación, explica por qué están incorrectos los de la izquierda y correctos los de la derecha. Tendrás la oportunidad de aprender los principios relacionados con la redacción de los mismos para que sea correctamente construido.

   a. ¿Por qué está incorrecto el ítem de la izquierda y por qué está correcto el de la derecha?

Incorrecto	Correcto
¿Por qué tú crees que los osos polares invernan?	¿Por qué invernan los osos polares?

Instruccional

_____
_____
_____
_____
_____
_____

El principio relacionado es el # 1:

La pregunta debe ser clara y específica.

b. ¿Por qué está incorrecto el ítem de la izquierda y por qué está correcto el de la derecha?

Incorrecto	Correcto
¿Cómo fue la partida de Cristóbal Colón cuando descubrió América?	¿De cuál puerto partió Cristóbal Colón cuando descubrió América?

_____
_____
_____
_____
_____

Instruccional

> **El principio relacionado es el # 2:**
>
> La pregunta debe redactarse de modo que su respuesta sea lo más breve posible, preferiblemente un nombre, una palabra un símbolo, un número o una frase.

c. ¿Por qué está incorrecto el ítem de la izquierda y por qué está correcto el de la derecha?

Incorrecto	Correcto
¿Cómo puede resultar la valoración de una pregunta directa si el maestro no establece unos criterios previamente?	¿Qué debe establecer el maestro, con anterioridad, para que no se le haga tan difícil darle puntuación a una pregunta directa?

_____
_____
_____
_____
_____
_____

> **El principio relacionado es el # 3:**
>
> Evita copiar oraciones directamente del texto u otro material en las preguntas.

Instruccional

d. ¿Por qué está incorrecto el ítem de la izquierda y por qué está correcto el de la derecha?

Incorrecto	Correcto
Menciona dos filósofos de la antigüedad.	Menciona dos filósofos del siglo 20.

_____
_____
_____
_____
_____
_____

El principio relacionado es el # 4:

Frasea la prefunta de modo que sólo haya una respuesta posible.

Instruccional

3. Enumera los principios básicos en la redacción o elaboración de la pregunta directa.

Número del Principio	Principio
# 1	
# 2	
# 3	
# 4	

4. Corrige los siguientes ejercicios de preguntas directas, aplica principios aprendidos e identifica el principio relacionado.

Ítem incorrecto	Ítem corregido	Número del principio relacionado
a. ¿Cuál es tu opinión acerca de la leche materna?		
b. ¿Cuáles fueron las épocas más recordadas en términos de la agricultura en Puerto Rico?		
c. Menciona dos países que fueron exitosos en Olimpiadas.		

163

5. Señala los principios que no estaban relacionados con el ejercicio anterior y menciónalos.

   _____
   _____
   _____
   _____
   _____
   _____
   _____
   _____

6. Enumera las ventajas y las desventajas del ejercicio de pregunta directa.

A. Ventajas	B. Desventajas
_____	_____
_____	_____
_____	_____
_____	_____
_____	_____

Instruccional

7. ¿A qué conclusiones puedes llegar después de examinar cómo hacer el ejercicio de preguntas directas y de analizar por qué se deben hacer así?

_____
_____
_____
_____
_____
_____
_____
_____
_____
_____
_____
_____
_____
_____

Instruccional

B- Segunda Sección

1. ¿Cómo construir el ejercicio de la pregunta de discusión para pruebas de ensayo?

La pregunta de discusión es aquella en la que el estudiante tiene que desarrollar y discutir una idea en forma escrita y organizada en varios párrafos. Éstos deben estar organizados para que presenten una secuencia de ideas lógicas y para que tengan una forma y estilo de expresión adecuado. Este tipo de ejercicio hace énfasis en la amplitud y en la expresión de la respuesta, lo cual permite al estudiante demostrar su capacidad de escoger, organizar, seleccionar, relacionar y evaluar las ideas. Lo estimula a que se exprese en forma creativa, a pensar críticamente, a estudiar y a aprender el material, integrarlo e interrelacionar los temas o unidades.

Las preguntas de discusión son fáciles de construir, pero toma más tiempo corregirlas. La corrección puede ser subjetiva si no se establecen unos criterios o no se prepara una hoja de cotejo. Puede ser difícil su corrección si el estudiante no escribe en forma clara y legible. Este tipo de prueba tiene menos validez y confiabilidad que los ejercicios que pertenecen a la prueba objetiva.

a. Completa el siguiente ejercicio.

1. La pregunta de discusión se presta para que el estudiante pueda _____ y _____ en forma escrita y organizada en varios párrafos_____.

2. La pregunta de discusión hace énfasis en_____en la expresión de la respuesta.

3. La pregunta de discusión le permite al estudiante escoger, organizar, seleccionar, relacionar y _____ las ideas.

4. El estudiante se _____ a estudiar y aprender el material.

5. Son fáciles de _____.

6. Su corrección puede ser objetiva si no se establecen _____ o no se prepara _____.

7. Puede ser difícil su corrección debido a que el estudiante no escribe, _____ y _____.

Instruccional

b. De los ejercicios de pregunta de discusión que aparecen a continuación, observa el que está incorrecto al lado izquierdo y el correcto al lado derecho. Explica por qué están incorrectos o correctos. Luego tendrás la oportunidad de aprender los principios relacionados con la redacción de la misma.

1). ¿Por qué el ítem de la izquierda está incorrecto y el del lado derecho correcto?

Incorrecto	Correcto
¿Cuál de las teorías explica por qué sube la marea?	¿Por qué sube la marea?

_____
_____
_____
_____
_____

El principio relacionado es el # 1:

Usa la pregunta de discusión solo para aquellos logros que no puedan ser medidos en pruebas objetivas.

167

Instruccional

2). ¿Por qué el ítem de la izquierda está incorrecto y el del lado derecho correcto?

Incorrecto	Correcto
¿Cuál es tu opinión sobre el tema de la corrupción?	Menciona las implicaciones morales del caso más reciente de corrupción en el gobierno.

_____
_____
_____
_____
_____
_____
_____

El principio relacionado es el # 2:

Escribe la pregunta de modo que todos los alumnos se ocupen del mismo problema.

3). ¿Por qué el ítem de la izquierda está incorrecto y el del lado derecho correcto?

Incorrecto	Correcto
Estructura un sistema de reforma educativa para Puerto Rico.	Critica el sistema educativo de Puerto Rico en términos de los resultados académicos de los estudiantes que se gradúan de escuela superior.

Instruccional 3

_____
_____
_____
_____
_____
_____
_____
_____

> **El principio relacionado es el # 3:**
>
> **Evita hacer preguntas tan amplias que no puedan construirse en el tiempo que hay para ello.**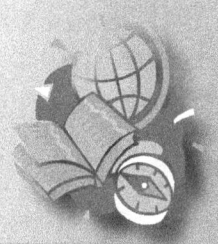

4) . ¿Por qué el ítem de la izquierda está incorrecto y el del lado derecho correcto?

Incorrecto	Correcto
Estructura un sistema de reforma educativa para Puerto Rico.	1. Diseña unas actividades para integrar a los padres y a los maestros, con el fin de mejorar la escuela. 2. Prepara unos objetivos de evaluación para un maestro de ciencias en una escuela pública. 3. Evalúa el progreso de los estudiantes de escuela superior en las áreas de las ciencias y las matemáticas, en términos de las pruebas Aprenda.

Instruccional

_____
_____
_____
_____
_____
_____

> **El principio relacionado es el # 4:**
>
> **Usa varias preguntas que requieran poca discusión.**

5) . ¿Por qué el "ítem" de la izquierda está incorrecto y el del lado derecho correcto?

Incorrecto	Correcto
Discute el sistema democrático y sus implicaciones en la sociedad actual.	1- Define el concepto democracia. 2- Compara el sistema democrático con el sistema autocrático. 3- Analiza los beneficios del sistema democrático en un mundo globalizado.

_____
_____
_____
_____

Instruccional

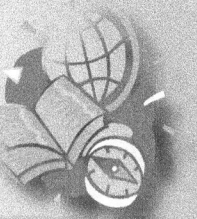

El principio relacionado es el # 5:

Usa un número de preguntas que sea suficiente para medir el aprovechamiento de la mayor parte de las áreas incluidas.

6). ¿Por qué el "ítem" de la izquierda está incorrecto y el del lado derecho correcto?

Incorrecto	Correcto
A- Contesta: 1. ¿Cuántos años se toma en construir un puente?	A- Contesta en (2 minutos) 1. ¿Cuántos años se toma en construir un puente?

_____
_____
_____
_____
_____
_____
_____

El principio relacionado es el # 6:

Incluye en las instrucciones sobre el tiempo que usted cree necesario para contestar cada pregunta.

Instruccional

7). ¿Por qué el "ítem" de la izquierda está incorrecto y el del lado derecho correcto?

Incorrecto	Correcto
Escoge 3 de las 5 preguntas que aparecen a continuación para contestarlas en forma de ensayo.	Contesta las pregunta de discusión que aparecen a continuación.

_____
_____
_____
_____
_____
_____
_____

El principio relacionado es el # 7:

No des preguntas opcionales.

8). ¿Por qué el "ítem" de la izquierda está incorrecto y el del lado derecho correcto?.

Incorrecto	Correcto
Discute las implicaciones de una vivienda al lado de un río.	Analiza las posibles consecuencias de construir una vivienda al lado o a la orilla de un río.

Instruccional

_____

_____

_____

_____

_____

_____

_____

El principio relacionado es el # 8: Evita usar el término "discuta" en una pregunta de discusión. Es preferible usar cualquiera de las siguientes:

a. Compare ...

b. Señale las diferencias entre ... y ...

c. Indique los resultados de ...

d. Señale las causas de ...

e. Después de leer ... exprese su opinión (a favor o en contra).

f. Explique el significado de ...

g. Resuma las opiniones...

h. Resuma ...

i. Critique ...

j. Dada x situación, bosqueje los posibles resultados...

k. Relacione a ... con ...

l. Analice ... con ... relación a ...

m. Analice ...

n. Sugiera métodos, formas, cambios...

o. ¿Qué clase (o tipo) de ... aparece en ...?

p. Haga una lista de sugerencias para ...

q. Bosqueje...

Instruccional 3

9). ¿Por qué el "ítem" de la izquierda está incorrecto y el de la derecha correcto?

Incorrecto	Correcto
A- Contesta en forma de ensayo. 1. Señala las causas de un terremoto (20 minutos).	A- Contesta en forma de ensayo. Recuerda que se evaluará tu ortografía, caligrafía y gramática. 1. Señala las causas de un terremoto (20 minutos).

_____
_____
_____
_____
_____
_____
_____

El principio relacionado es el # 9:

Advierte a los estudiantes en el caso de que la ortografía, la caligrafía y la gramática tengan influencias en la puntuación.

Instruccional

2. Enumera los principios básicos en la redacción y elaboración de preguntas de discusión para pruebas de ensayo.

Número del Principio	Principio
#1	
#2	
#3	
#4	
#5	
#6	
#7	
#8	
#9	

Instruccional

3. Corrige los siguientes ejercicios de preguntas de discusión, aplica los principios aprendidos e identifica el principio relacionado.

"Ítem" incorrecto	"Ítem" corregido	Número del principio relacionado
1. Expresa tu opinión acerca del embarazo en las adolescentes.		
2. Diseña un módulo instruccional sobre las reglas de acentuación.		
3. Contesta 3 de 5 preguntas de discusión.		
4. Discute la ampliación de la casa.		

4. Identifica los principios que no encontraste representados en los "ítems" del ejercicio anterior y menciónalos.

_____
_____
_____
_____
_____
_____
_____

Instruccional

5. Enumera las ventajas y las desventajas del ejercicio de pregunta de discusión para pruebas de ensayo.

A. Ventajas	B. Desventajas
_____	_____
_____	_____
_____	_____
_____	_____
_____	_____

6. ¿A qué conclusiones puedes llegar después de examinar cómo elaborar una pregunta de discusión correcta y de analizar el por qué se deben hacer así?.

_____
_____
_____
_____
_____
_____
_____
_____

Instruccional

C. Tercera Sección

1. ¿Cómo corregir una prueba subjetiva?

El doctor Cirino señala que el maestro que desea utilizar preguntas de ensayo se confronta con un dilema. Entre menor la estructuración de la pregunta, mayor la probabilidad de que puedan medir aspectos cognoscitivos complejos, pero es menos la confiabilidad y la representatividad (1985). Entre menos estructurada sea la pregunta, más difícil es su corrección y calificación. Existen varios métodos de corrección y calificación que pueden usarse en las pruebas de ensayo.

Greene (1971) discute dos métodos de calificación: el método de puntos y el de distribución. El primero consiste en lo siguiente:

a. Preparar una clave de calificación que tome en cuenta los aspectos principales que el estudiante debe incluir al responder cada pregunta.

b. Incluir una sola pregunta en todos los exámenes y asignarle el número de puntos apropiados a la respuesta de cada examen, a medida que se corrige.

c. Sumar los puntos de cada examen después de haber corregido todas las preguntas.

El segundo que es el método de distribución. Éste consiste en lo siguiente:

a. Leer todos los exámenes lo más rápido posible, distribuyéndolos a medida que los lee en un número de grupos determinados de antemano y que representen las diferentes notas numéricas o letras que se asignarán. En esta primera lectura, las pruebas que no correspondan claramente a ningún grupo se identifican con un signo de interrogación.

b. Releer los exámenes tomando en consideración aquéllos que tienen un signo de interrogación para buscar ubicarlo en un grupo.

c. Asignar las notas con número o letras de acuerdo a los grupos en los que se distribuyeron los exámenes.

El doctor Cirino en su libro ***Introducción al Desarrollo de Pruebas Escritas*** identifica dos métodos para calificar. El método integral que es el que asume que lo más importante en los ensayos es la impresión total que produce el "gestalt". En éste método, el examinador lee cada ensayo y le asigna cualquiera

Instruccional 3

de estas categorías: excelente, bueno, regular, pobre. Ese método es rápido y provee una evaluación del valor total del ensayo. Sin embargo, no provee información sobre las deficiencias o fallas que tuvo el estudiante. El segundo método que el doctor Cirino expone es el analítico. Este requiere que los distintos aspectos sean evaluados por separado. Los pasos a seguir en este método son:

a. Prepare una respuesta modelo para cada una de las preguntas que se han formulado. Esto permite que se conozca de antemano cuán extensa puede resultar la respuesta y en qué tiempo puede realizarse. Además, provee información sobre cuáles son los aspectos que deben cubrirse en la discusión.

b. Prepare una clave de corrección para cada pregunta formulada.

Se debe adoptar un método para minimizar la imprecisión en la evaluación que se puede dar en la corrección de la prueba subjetiva. El tratar de lograr ser más preciso en la corrección de las preguntas de discusión puede ayudar a que se analice en forma justa. Esto es, no dejar que intervengan los sentimientos, valores u opiniones, tanto del examinado como del examinador, en la corrección y calificación de estas pruebas.

1. **Llena los blancos siguientes:**

    a. Al corregir una prueba de ensayo el maestro se enfrenta a _____ _____.

    b. Entre menos estructurada la pregunta de discusión _____ su confiabilidad, pero _____ su complejidad cognoscitiva.

    c. Las preguntas menos estructuradas son _____ de corregir.

    d. Uno de los métodos que propone Greene es _____.

    e. El otro método que Green menciona es _____.

    f. El doctor Cirino expone el método _____ y el método _____.

    g. El método que no permite que se conozcan las deficiencias o fallas del estudiante es _____.

Instruccional

h. El método _____ requiere que se evalúen distintos aspectos por _____.

i. Se puede evaluar las preguntas de discusión para pruebas de ensayo en forma justa si se intentan que no intervengan los _____, _____, y _____ en la corrección de la misma.

2. **Lee las situaciones y analiza lo que debe hacerse para la corrección y calificación de las preguntas de discusión o de ensayo. Luego tendrás la oportunidad de conocer la sugerencia más adecuada para resolver la situación.**

   a. La Srta. Fuentes dio un examen de la segunda unidad de inglés en 8vo grado. El mismo consistía de 3 preguntas de discusión en las que los estudiantes debían demostrar que podían redactar un ensayo sin errores gramaticales, con hilación y organización. Dado que eran 4 grupos de aproximadamente 30 estudiantes, no sabía cómo empezar a corregirlo.

   1). **¿Cómo debió empezar a corregir los exámenes la Srta. Fuentes, para ser justa?**

   _____
   _____
   _____
   _____
   _____
   _____
   _____
   _____

Instruccional

Sugerencia #1 para la situación a.

Para corregir las respuestas de los estudiantes sigue el orden siguiente:

1. En todos los papeles lea la respuesta a la misma pregunta. No asigne puntos en esta etapa.

2. A medida que va leyendo, coloque los papeles en cinco grupos: excelente, bueno, regular, deficiente y fracasado.

3. Repase las contestaciones a esa pregunta empezando por los papeles de uno de los grupos que organizó en el paso anterior. En esta etapa debe usar una hoja de cotejo.

4. Una vez empiece con una pregunta, concéntrese en completar los pasos 1, 2 y 3 el mismo día.

5. Los aspectos relacionados con la ortografía y corrección gramatical recibirán puntuación siempre y cuando que se haya advertido previamente.

6. Al leer la prueba, anote los errores gramaticales y los conceptos mal entendidos. Esto le ayudará en el proceso de reenseñanza.

b. A la Sra. Fernández cuando dio un examen de Matemáticas, durante el primer año de experiencia, se le presentó la dificultad de que el tiempo para que los estudiantes completaran el examen no fue suficiente. Más de un 70% de los estudiantes no pudo terminarlo a tiempo y tuvo que optar por eliminarle una pregunta.

1) . ¿En qué falló la Sra. Fernández?

Instruccional 3

_____

_____

_____

_____

2) . ¿Cómo se puede calcular el tiempo que toma cada pregunta?

_____

_____

_____

_____

_____

Sugerencia #2 para la situación b.

Escribe la respuesta a la pregunta formulada antes de ofrecer el examen. Anota el tiempo que tardó en contestarla. Calcula el tiempo que le tomará a los estudiantes.

Sugerencia #3 para la situación b.

Asigna puntuación a cada aspecto que debe incluirse en la contestación. La suma total de estos puntos será el valor de la pregunta. También debe coincidir con los minutos que toma contestarla. Es decir, se le da a cada punto un minuto para contestarse.

Instruccional

c. El profesor de Humanidades planificó el segundo examen del semestre trazando sus objetivos. Luego redactó las preguntas de discusión y le dio el examen a sus estudiantes. Sin embargo, él no sabía qué hacer para que la evaluación y corrección de las mismas fuera precisa y justa.

1). ¿Qué debió hacer el profesor de Humanidades y por qué?

___

Sugerencia #4 para la situación c.

Tomando sus respuestas como modelo, haz una lista de cotejo de los aspectos principles que creas deben incluirse en cada pregunta.

Sugerencia #5 para la situación c.

Los alumnos deben escribir su nombre al dorso del papel. Esto evitará que la identidad del autor influya en la corrección.

Instruccional

3. Enumera las sugerencias que se ofrecieron para la corrección y calificación de las preguntas de discusión para pruebas de ensayo.

Número	Sugerencia
#1	
#2	
#3	
#4	
#5	

Instruccional

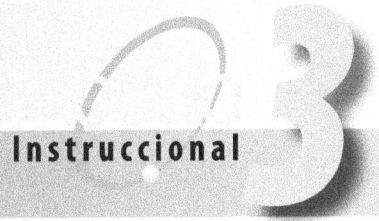

4. **Escribe la sugerencia que mejor se aplique a cada situación y explica ¿por qué?**

Situación	Número de Sugerencia	¿Por qué?
a. Los estudiantes le preguntan a la maestra dónde escriben el nombre en el examen.	# ____	
b. Los estudiantes contestaron en diferentes formas la pregunta de discusión.	# ____	
c. La maestra quiere darle puntuación al examen.	# ____	
d. La maestra quiere que los estudiantes puedan contestar el examen en los 50 minutos de la clase.	# ____	

5. Menciona la (las) sugerencia (s) que no estaban representadas en el ejercicio anterior.

_____
_____
_____
_____
_____
_____
_____
_____

6. Enumera las ventajas y las desventajas de seguir las sugerencias aprendidas para la corrección y calificación de preguntas de discusión o de ensayo.

A. Ventajas	B. Desventajas
_____	_____
_____	_____
_____	_____
_____	_____

Instruccional

7. ¿A qué conclusiones puedes llegar después de examinar cómo se debe corregir el ejercicio de preguntas de discusión?

_____
_____
_____
_____
_____
_____
_____
_____

D. Cuarta Sección

1. Identifica las características que pertenecen a las preguntas directas con un (PD) y deja en blanco la que no pertenezca a las mismas.

Características	(PD)
a. Mide la organización y secuencia de ideas.	
b. Va más allá de recordar y entender.	
c. Responden a qué, cuándo, cuál y dónde.	
d. Limita la respuesta.	
e. Mide todos los niveles de pensamiento.	
f. Requiere seguir unas instrucciones de cómo hacer una lista, bosquejos y describir.	
g. El estudiante debe proveer la respuesta en la forma que prefiera.	

Instruccional

2. Identifica las características que pertenecen a las preguntas de discusión para pruebas de ensayo con (PE) y deja en blanco las que no pertenezcan a las mismas.

Características	(PE)
a. Elimina totalmente la posibilidad de adivinar.	
b. Es especialmente útil para la solución de problemas.	
c. Puede medir los aspectos más complejos del aprovechamiento.	
d. Mide la capacidad de escoger, organizar, seleccionar, relacionar y evaluar.	
e. Toma más tiempo en corregirla.	
f. Son fáciles de construir.	
g. Estimula la expresión creadora del estudiante.	
h. Estimula a estudiar y a aprender el material.	
i. Mide organización, secuencia de ideas y estilo de expresión.	

3. Identifica los principios que se relacionan con la elaboración de preguntas directas con una (PD) y deja en blanco el principio que no se relaciona con las mismas.

Principio	(PD)
a. Escribe la pregunta de modo que todos los alumnos se ocupen del mismo problema.	
b. Evita usar, en las preguntas oraciones copiadas directamente del texto u otro material.	

Instruccional 3

Principio	(PD)
c. Frasea la pregunta de modo que solo haya una respuesta.	
d. Evita hacer preguntas tan amplias que no puedan construirse en el tiempo que hay para ello.	
e. Usa varias preguntas que requieran poca discusión, en vez de una sola que requiera mucha discusión.	
f. La pregunta debe redactarse de modo que su respuesta sea lo más breve, preferiblemente un nombre, una palabra, un símbolo, un número o una frase.	

4. Identifica los principios que se relacionan con la elaboración de preguntas de discusión para pruebas de ensayo con una (PE).

Principio	(PE)
a. La pregunta debe ser breve, clara y específica.	
b. Evita hacer preguntas tan amplias que no puedan construirse en el tiempo que hay para esto.	
c. No des preguntas adicionales.	
d. Evita usar el término "discuta".	
e. Evita usar, en las preguntas oraciones copiadas directamente del texto u otro material.	
f. Frasea la pregunta de modo que solo haya una respuesta posible.	

Instruccional

Principio	(PE)
g. Incluye en las instrucciones, indicaciones sobre el tiempo que crees necesario para contestar cada pregunta.	
h. Usa un número de preguntas que sea suficiente para medir el aprovechamiento de la mayor parte de las áreas incluidas.	

5. Identifica las sugerencias para la corrección y calificación de pruebas de ensayo con (S).

Enunciado	(S)
a. Advierte a los alumnos en el caso de que la ortografía, la caligrafía y la gramática tengan influencia en la puntuación.	
b. Asigna puntuación a cada aspecto que debe incluirse en la contestación. La suma total de estos puntos será el valor de la pregunta.	
c. Los alumnos deben escribir su nombre al dorso del papel. Esto evitará que la identidad del autor influya en la corrección.	
d. No des preguntas opcionales.	
e. Evita hacer preguntas tan amplias que no puedan construirse en el tiempo que hay para ello.	
f. Tomando tu respuesta como modelo, haz una lista de los aspectos principales que crees deben incluirse en la contestación.	
g. Escriba la respuesta a la pregunta que escribiste. Anota el tiempo que tardastes en contestarla. Calcula el tiempo que le tomará a los estudiantes.	
h. Evita usar el término "discuta".	

Instruccional

6. Después de haber estudiado este módulo que trata de cómo hacer pruebas subjetivas, en el que discutieron los siguientes aspectos:

   a. características de las preguntas de discusión.

   b. ventajas y desventajas de ambas preguntas.

   c. principios para la elaboración de ambos tipos de preguntas.

   d. sugerencias para la corrección y calificación de las mismas.

   a) ¿A qué conclusiones puedes llegar?.

   _____
   _____
   _____
   _____
   _____

   b) ¿Qué recomendaciones puedes dar al maestro?

   _____
   _____
   _____
   _____
   _____

   **Lograstes completar los tres módulos instruccionales.
   ¡ Te felicito !.**

Instruccional

VI- HOJA DE RESPUESTAS PARA LAS ACTIVIDADES

A- PRIMERA SECCIÓN

1. ¿Cómo construir el ejercicio de pregunta directa?
    a.
    1) una respuesta
    2) dónde
    3) unas instrucciones
    4) limitadas
    5) pensar, calcular y estimar
    6) la solución de problemas
    7) la memoria
    8) criterios

2.
    a. El ítem de la izquierda, al preguntar qué tú crees, no es específico y el examinado puede ofrecer variedad de opiniones.

    b. El ítem de la izquierda es una pregunta que tiene una respuesta muy amplia. Sin embargo, el de la derecha es más preciso y se puede contestar con un nombre.

    c. El de la izquierda está escrito exactamente igual que el texto que aparece en este módulo. En el de la derecha, la pregunta no usa las mismas palabras del texto.

    d. El ítem de la izquierda puede contestarse mencionado varios filósofos antiguos. El de la derecha pide dos filósofos idealistas del siglo 20. La respuesta que requiere esta pregunta es una.

3.

Número del Principio	Principios básicos en la redacción y elaboración de preguntas directas
#1	La pregunta debe ser breve, clara y específica.
#2	La pregunta debe redactarse de modo que su respuesta sea lo más breve posible, preferiblemente un nombre, una plabara, un símbolo, un número o una frase.
#3	Evita usar oraciones copiadas directamente del texto u otro material en las preguntas.
#4	Frasea la pregunta de modo que solo haya una respuesta posible.

Instruccional

4.

"ítem" incorrecto	"ítem" corregido	Número del principio relacionado
a. ¿Cuál es tu opinión acerca de la leche materna?	¿Qué ventajas y desventajas tiene la leche materna?	#1
b. ¿Cuáles fueron las épocas más recordadas en términos de la agricultura en Puerto Rico?	¿En que año fue que la agricultura en Puerto Rico tuvo una producción mayor?	#4
c. Menciona dos países que fueron exitosos en Olimpiadas.	Menciona dos países que más medallas de oro han obtenido en las Olimpiadas.	#4

5. Los principios #2 y #3.

   El # 2: La pregunta debe redactarse de modo que su respuesta sea lo más breve posible, preferiblemente un nombre, una palabra un símbolo, un número o una frase. Principio # 3. Evite usar oraciones copiadas directamente del texto u otro material en las preguntas.

6.

A. Ventajas	B. Desventajas
1. Le permite al estudiante pensar, calcular y estimar, antes de llegar a una respuesta. 2. Es útil para la solución de problemas. 3. Elimina totalmente la posibilidad de adivinar.	1. Si se estructura mal puede conducir a medir la memoria. 2. La valoración puede resultar difícil si el examinador no establece criterios previamente.

7.
   a. El ejercicio de pregunta directa debe ser bien construido para que le permita al estudiante demostrar lo aprendido y para que el maestro pueda conocer si se lograron los objetivos trazados.

   b. El ejercicio de pregunta directa debe ser bien construido para que no mida solamente memoria, sino lo que ha aprendido el estudiante.

B- SEGUNDA SECCIÓN

1.
   a.
   1) desarrollar y discutir
   2) a la amplitud
   3) evaluar
   4) estimula
   5) construir
   6) criterios, hoja de cotejo
   7) claro y legible

   b.

   1) La pregunta de la izquierda puede servir para una pregunta objetiva como el llena blancos y la de la derecha es una pregunta que se presta para la discusión.

   2) El de la izquierda permite que se discuta en forma general sobre la corrupción. El de la derecha es más específico y solo solicita que se discutan, sobre el caso de corrupción más reciente, las implicaciones morales.

   3) El de la izquierda es tan amplio que tomaría semanas en poder contestarlo correctamente. Sin embargo, el de la derecha es más específico.

   4) El de la izquierda es muy amplio y requiere mucha discusión. Sin embargo, el de la derecha presenta varias preguntas que requieren de menos discusión.

   5) El de la izquierda es una sola pregunta que requiere describir la geografía de Puerto Rico. Sin embargo, el de la derecha presenta tres preguntas relacionadas con el tema, pero las mismas son suficientes para medir lo aprendido en éste.

6) El de la izquierda no incluye en las instrucciones el tiempo que toma contestar la pregunta y el de la derecha sí.

7) El de la izquierda le permite al estudiante seleccionar 3 de 5 preguntas. El de la derecha no tiene preguntas adicionales u opcionales.

8) El de la izquierda solicita que se discuta y el de la derecha solicita al lector que se analice. No se debe usar la palabra discuta pues es muy amplia y no especifica la acción a realizarse como lo hace el ítem de la derecha al pedir que se analice.

9) En las instrucciones del ítem de la izquierda no se aclara que la ortografía, la caligrafía y la gramática van a ser evaluadas y el de la derecha sí lo establece.

2.

Número del Principio	Principios básicos para la redacción y la elaboración de preguntas de discusión para pruebas de ensayo
#1	Usa la pregunta de discusión solo para aquellos logros que no puedan ser medidos en pruebas objetivas.
#2	Escribe la pregunta de modo que todos los alumnos se ocupen del mismo problema.
#3	Evita usar preguntas tan amplias que no puedan construirse en el tiempo que hay para ello.
#4	Usa varias preguntas que requieran poca discusión, en vez de una sola que requiera mucha discusión.
#5	Usa un número de preguntas que sea suficiente para medir el aprovechamiento de la mayor parte de las áreas incluidas.
#6	Incluye en las instrucciones el tiempo que crees necesario para contestar cada pregunta.
#7	No dé preguntas opcionales.

Instruccional

Número del Principio	Principio
#8	Evite usar el término "discuta" en una pregunta de discusión. Es preferible usar las siguientes: a. Compare ... b. Señale las diferencias entre y ... c. Indique los resultados de ... d. Señale las causas de... e. Después de leer ... exprese su opinión (a favor o en contra)... f. Explique el significado de ... g. Resuma las opiniones ... h. Resuma ... i. Critique ... j. Dada x situación, bosqueje los posibles resultados. k. Relacione a ... con ... 1. Analice con ... relación a... m. Analice ... n. Sugiera métodos, formas, cambios ... o. ¿Qué clase (o tipo) de ... aparece en ...? p. Haga una lista de sugerencias para... q. Bosqueje...
#9	Advierte a los estudiantes en el caso de que la ortografía, la caligrafía y la gramática tengan influencia en la puntuación.

Instruccional

3.

"Ítem" incorrecto	"Ítem" corregido	Número del principio relacionado
1. Expresa tu opinión acerca del embarazo en las adolescentes.	Señale las consecuencias positivas y negativas del embarazo en las adolescentes.	#2
2. Diseña un módulo instruccional sobre las reglas de acentuación.	Enumera las reglas de acentuación y explica cómo pueden llevarse a cabo.	#3
3. Contesta 3 de 5 preguntas de discusión.	Contesta las 3 preguntas de discusión.	#7
4. Discuta la ampliación de la casa.	Explica la ampliación de la casa.	#8

4. Principios que no encontraste en los "ítems" del ejercicio anterior.

Principio #1. Usa la pregunta de discusión solo para aquellos logros que no puedan ser medidos en pruebas objetivas.

Principio #4. Usa varias preguntas que requieran poca discusión, en vez de una sola que requiera mucha.

Principio #5. Usa un número de preguntas que sea suficiente para medir el aprovechamiento de la mayor parte de las áreas incluidas.

Principio #6. Incluye en las instrucciones el tiempo que crees necesario para contestar cada pregunta.

Principio #9. Advierte a los estudiantes en el caso de que la ortografía, la caligrafía y la gramática tengan influencia en la puntuación.

Instruccional

5.

A. Ventajas	B. Desventajas
1) Le permite al estudiante demostrar su capacidad de escoger, organizar, seleccionar, relacionar y evaluar las ideas. 2) Estimula a que el estudiante se exprese en forma creativa y a pensar críticamente. 3) Estimula a estudiar y a aprender el material, integrarlo e interrelacionar los temas o unidades. 4) Son fáciles de construir	1) Toma más tiempo corregirlo. 2) La corrección puede ser subjetiva si no se establecen unos criterios o no se prepara una hoja de cotejo. 3) Puede ser difícil su corrección si el estudiante no escribe en forma clara y legible.

6.

a) Después de conocer cómo pueden ser construidas las preguntas de ensayo, concluyo que éstas, aun cuando tienen menos validez y confiabilidad que los ejercicios que pertenecen a la prueba objetiva, son útiles porque le permiten al estudiante expresarse y demostrar cómo es su ortografía, su caligrafía y cómo utiliza la gramática.

b) Hay que saberlas construir para que los estudiantes puedan contestarlas correctamente.

Instruccional

TERCERA SECCIÓN

1.
   a). un dilema
   b). mejor - menos
   c). difíciles
   d). el método de puntos
   e). de distribución
   f). integral analítico
   g). integral
   h). analítico, separados
   i). sentimientos, valores u opiniones

2.
   a.
   1). La Srta. Fuentes debió:
   Corregir todas las preguntas #1 primero de cada grupo y luego agrupar las mismas entre excelente, bueno, regular, deficiente y nula para darle puntuación. Luego corregir la #2 de todos los estudiantes, por grupo, y llevar a cabo el mismo procedimiento. Debe corregirlas el mismo día. Debe anotar los errores gramaticales y los conceptos mal entendidos para dar reenseñanza.

   b.
   1). Hizo preguntas muy amplias o con demasiada información para el tiempo que tenían los estudiantes para contestarlas.

   2) Ella debió contestar el examen para calcular el tiempo que le tomó. Debió asignar puntuación a cada aspecto que debe incluirse en la contestación. La suma total de estos puntos será el valor de la pregunta y los minutos que tomará contestarla. Se le da a cada punto un minuto.

   c.
   1) Debió hacer una lista de cotejo con los aspectos principales que deben deben incluirse en cada pregunta. El nombre del estudiante no debe aparecer al frente sino al dorso del papel para que el maestro no lo vea y no influya la identidad del autor en la corrección.

Instruccional

3. Sugerencias que se ofrecieron para la correción y calificacción de preguntas de discusión para pruebas de ensayo.

Sugerencia #1 para la situación A

Para corregir las respuestas de los estudiantes sigue el siguiente orden:

1. En todos los papeles, lee la respuesta a la misma pregunta. No asignes puntos en esta etapa.

2. A medida que vas leyendo, coloca los papeles en cinco grupos: excelente, bueno, regular, deficiente y fracasado.

3. Repasa las contestaciones a esa pregunta empezando por los papeles de uno de los grupos que organizaste en el paso anterior. En esta etapa debes usar una hoja de cotejo.

4. Una vez empieces con una pregunta, concéntrate en completar los pasos 1, 2 y 3 el mismo día.

5. Los aspectos relacionados con la ortografía y con la corrección gramatical recibirán puntuación, siempre y cuando que se haya advertido previamente.

6. Al leer la prueba, anota los errores gramaticales y los conceptos mal entendidos. Esto le ayudará a dar reenseñanza.

Sugerencia #2

Escribe la respuesta a la pregunta formulada antes de ofrecer el examen. Anota el tiempo que tardó en contestarla. Calcula el tiempo que le tomará a los estudiantes contestarla.

Instruccional

Sugerencia #3

Asignar puntuación a cada aspecto que debe incluirse en la contestación. La suma total de estos puntos no solo será el valor de la pregunta, sino que también debe coincidir con los minutos que toma al contestarla. Es decir, le das a cada a punto un minuto.

Sugerencia #4

Tomando sus respuestas como modelo, haz una lista de cotejo con los aspectos principales que deben incluirse en cada pregunta. Es decir, le das a cada una a punto por minuto.

Sugerencia #5

Los alumnos deben escribir su nombre en la parte de atrás del papel. Esto evitará que la identidad del autor influya en la corrección.

Instruccional

4.

a) **Sugerencia #5**

Los alumnos deben escribir su nombre en la parte de atrás del papel. Esto evitará que la identidad del autor influya en la corrección.

b) **Sugerencia #4**

Tomando sus respuestas como modelo, haz una lista de cotejo con los aspectos principales que crees que deben incluirse en cada pregunta. Es decir, le das a cada una a punto por minuto.

c) **Sugerencia #3**

Asignar puntuación a cada aspecto que debe incluirse en la contestación. La suma total de estos puntos no sólo será el valor de la pregunta sino que también debe coincidir con los minutos que toma al contestarla. Es decir, le das a cada a punto un minuto.

d) **Sugerencia #2**

Escribe la respuesta a la pregunta formulada antes de ofrecer el examen. Anota el tiempo que tardó en contestarla. Calcula el tiempo que le tomará a los estudiantes contestarla.

Instruccional 3

5.
La sugerencia que no estaba representada es la sugerencia #1.

Para corregir las respuestas de los estudiantes sigue el siguiente orden:

1. En todos los papeles lee la respuesta a la misma pregunta. No asignes puntos en esta etapa.

2. A medida que vas leyendo, coloca los papeles en cinco grupos: excelente, bueno, regular, deficiente y fracasado.

3. Repasa las contestaciones a esa pregunta empezando por los papeles de uno de los grupos que organizaste en el paso anterior. En esta etapa debes usar una hoja de cotejo.

4. Una vez empieces con una pregunta, concéntrate en completar los pasos 1, 2 y 3 el mismo día.

5. Los aspectos relacionados con la ortografía y con la corrección gramatical recibirán puntuación siempre y cuando se haya advertido previamente.

6. Al leer la prueba, anota los errores gramaticales y los conceptos mal entendidos. Esto te ayudará a dar reenseñanza.

Instruccional 3

6.

A. Ventajas	B. Desventajas
1) Minimiza la imprecisión en la evaluación que se puede dar en la corrección de la prueba subjetiva. 2) Ayuda a que se analice en forma justa. 3) No permitas que intervengan los sentimientos, valores u opiniones, tanto del examinado como del examinador.	1) Requiere más trabajo por parte del maestro. 2) Toma más tiempo el corregirla.

7.

Se concluye que para ser justo hay que corregir una prueba que tenga preguntas de discusión, siguiendo las sugerencias señaladas.
De lo contrario se puede correr el riesgo de que los sentimientos, valores, opiniones, intervengan en la corrección de las mismas.

CUARTA SECCIÓN

1. Identificación de características para preguntas directas.

Características	(PD)
a. Mide la organización y secuencia de ideas.	
b. Va más allá de recordar y entender.	
c. Responden a qué, cuándo, cuál y dónde.	(PD)
d. Limita la respuesta.	(PD)
e. Mide todos los niveles de pensamiento.	
f. Requiere seguir unas instrucciones de cómo hacer una lista, bosquejos y describir.	
g. El estudiante debe proveer la respuesta en la forma que prefiera.	(PD)

2. Identificación de características para la elaboración de preguntas de discusión para pruebas de ensayo.

Características	(PE)
a. Elimina totalmente la posibilidad de adivinar.	
b. Es especialmente útil para la solución de problemas.	
c. Puede medir los aspectos más complejos del aprovechamiento.	
d. Mide la capacidad de escoger, organizar, seleccionar, relacionar y evaluar.	(PE)
e. Toma más tiempo corregirla.	(PE)
f. Son fáciles de construir.	(PE)
g. Estimula la expresión creadora del estudiante.	(PE)
h. Estimula a estudiar y a aprender el material.	(PE)
i. Mide organización, secuencia de ideas y estilo de expresión.	(PE)

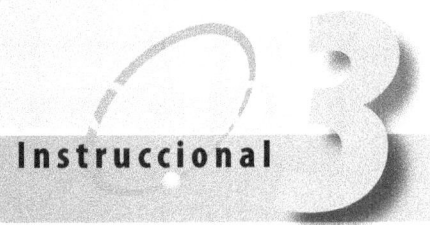

Instruccional

3. Identificación de principios para la elaboración de preguntas directas.

Principio	(PD)
a. Escriba la pregunta de modo que todos los alumnos se ocupen del mismo problema.	
b. Evita usar en las preguntas, oraciones copiadas directamente del texto u otro material.	(PD)
c. Frasea la pregunta de modo que sólo haya una respuesta.	(PD)
d. Evita hacer preguntas tan amplias que no puedan construirse en el tiempo que hay para ello.	
e. Usa varias preguntas que requieran poca discusión, en vez de una sola que requiera mucha discusión.	
f. La pregunta debe redactarse de modo que su respuesta sea lo más breve, preferiblemente un nombre, una palabra, un símbolo, un número o una frase.	(PD)

4. Identificación de principios para la elaboración de preguntas de discusión para pruebas de ensayo.

Principio	(PE)
a. La pregunta debe ser breve, clara y específica.	
b. Evita hacer preguntas tan amplias que no puedan construirse en el tiempo que hay para esto.	(PE)
c. No des preguntas adicionales.	(PE)
d. Evita usar el término "discuta".	(PE)
e. Evita usar oraciones copiadas directamente del texto u otro material en las preguntas.	(PE)
f. Frasea la pregunta de modo que solo haya una respuesta posible.	
g. Incluye en las instrucciones indicaciones sobre el tiempo que cree necesario para contestar cada pregunta.	(PE)
h. Usa un número de preguntas que sea suficiente para medir el aprovechamiento de la mayor parte de las áreas incluidas.	(PE)

Instruccional

5. Identificación de las sugerencias para la corrección y calificación de pruebas de ensayo.

Sugerencias	(S)
a. Advierte a los alumnos en el caso de que la ortografía, la caligrafía y la gramática tengan influencia en la puntuación.	
b. Asigna puntuación a cada aspecto que debe incluirse en la contestación. La suma total de estos puntos será el valor de la pregunta.	(S #3)
c. Los alumnos deben escribir su nombre en la parte de atrás del papel. Esto evitará que la identidad del autor influya en la corrección.	(S #5)
d. No des preguntas opcionales.	
e. Evita hacer preguntas tan amplias que no puedan construirse en el tiempo que hay para ello.	
f. Tomando tu respuesta como modelo, haz una lista de los aspectos principales que crees deben incluirse en la contestación.	(S #4)
g. Escribe la respuesta a la pregunta que escribiste. Anota el tiempo que tardaste en contestarla. Calcula, entonces, el tiempo que le tomará a los estudiantes.	(S #2)
h. Evita usar el término " discuta".	(S #1)

6.

a) Se concluye que hay que conocer cómo construir tanto las preguntas directas como las de ensayo. Aunque ambas tienen ventajas y desventajas hay que saber construirlas y conocer cómo corregirlas para ser justos.

b) Las recomendaciones son:

1) Que si las van a usar, deben saber cómo construirla y cómo se deben corregir.

2) Que si quieren aprender cómo hacerlas y cómo construirlas, deben completar el módulo III ¿Cómo hacer los ejercicios de evaluación para pruebas subjetivas?

Instruccional

VII - POST-PRUEBA

A través de esta post-prueba podrás determinar cuánto y qué sabes sobre la lección estudiada. El propósito es saber si conoces bien cómo elaborar ejercicios de pruebas subjetivas.

Post-prueba

A. Escoge la mejor contestación:

21. **Lo que distingue las pruebas objetivas de las subjetivas es que en las:**
    a. primeras el examinador no interviene en la elaboración y corrección de la prueba con sus opiniones, sentimientos y valores.
    b. primeras el examinador y el examinado no intervienen, en ningún momento, con sus opiniones, sentimientos y valores.
    c. segundas el examinador y el examinado no intervienen, en ningún momento, con sus opiniones, sentimientos y valores.
    d. segundas el examinador no interviene en la elaboración y corrección de las pruebas con sus opiniones, sentimientos y valores.

22. **La pregunta directa se diferencia de la pregunta de discusión porque en la primera:**
    a. la respuesta es limitada y en la segunda no.
    b. se va más allá de recordar y entender y en la segunda no.
    c. se requiere seguir unas instrucciones y en la segunda no.
    d. el estudiante provee la solución a un problema y en la segunda no.

Instruccional

23. **Una ventaja de la pregunta directa es que:**

    a. el estudiante tiene la oportunidad de crear lo que va a expresar en forma escrita.
    b. el estudiante piensa, calcula y estima antes de llegar a una respuesta.
    c. mide la capacidad de escoger, organizar, seleccionar, relacionar y evaluar las ideas del estudiante.
    d. son fáciles de construir por el maestro.

24. **Un principio que se debe seguir para redactar una pregunta directa es:**

    a. evita usar la palabra "discuta".
    b. no des preguntas opcionales.
    c. usa varias preguntas que requieran discusión, en vez de una sola.
    d. la pregunta debe ser breve, clara y específica.

25. **La pregunta de discusión pertenece a las pruebas:**

    a. objetivas.
    b. subjetivas.
    c. diagnósticas.
    d. de ejecución.

26. **La característica que representa a las preguntas de discusión o de ensayo es que:**

    a. se utiliza en la escuela elemental.
    b. va más allá de meramente recordar y entender.
    c. miden solo memoria e interpretación.
    d. es la más versátil.

27. **Un principio que pertenece a la construcción de pruebas de ensayo es el que dice que:**

    a. las alternativas deben ser homogéneas.
    b. haz los "ítems" lo más breve posible.
    c. evita usar oraciones copiadas directamente del texto u otro material.
    d. escribe de modo que todos los estudiantes se ocupen del mismo problema.

Instruccional

28. La prueba de discusión o de ensayo mide, además de organización y secuencia de ideas, la:

    a. comprensión del asunto.
    b. memoria.
    c. forma o estilo de expresión.
    d. forma de escribir.

29. Una ventaja de la pregunta de discusión o ensayo es que:

    a. el lector lento se perjudica.
    b. estimula a estudiar y a aprender de forma interrelacionada.
    c. hace énfasis en la memoria.
    d. se presta para la memorización.

30. Lo que no se debe hacer al redactar una pregunta de discusión o ensayo es:

    a. usar la palabra discuta.
    b. poner el tiempo que se necesita para contestar la pregunta.
    c. usar pocas preguntas que requieran mucha discusión.
    d. hacer preguntas cerradas.

31. Lo más importante en la corrección de una pregunta de discusión es que se:

    a. prepare un plan.
    b. sigue un orden.
    c. redacte una hoja de cotejo.
    d. logre el objetivo.

32. La sugerencia para la corrección de una pregunta de discusión que requiere más tiempo es:

    a. frasea la pregunta de modo que solo haya una respuesta posible.
    b. calcula el tiempo que le tomará a los estudiantes.
    c. sigue un orden.
    d. asigna puntuación a cada aspecto.

33. El método para la corrección y calificación de pruebas de discusión sugerido por Greene es el:

   a. analítico.
   b. integral.
   c. "gestalt".
   d. por puntos.

34. El método para la corrección y calificación de pruebas de discusión que requiere que el examinador lea cada trabajo y le asigne una categoría de excelente, bueno, regular, pobre es el:

   a. analítico.
   b. integral.
   c. por puntos.
   d. de distribución.

35. El método de corrección y calificación de pruebas de discusión que sugiere Cirino, que requiere que se califiquen distintos aspectos por separado, es el:

   a. analítico.
   b. integral.
   c. por puntos.
   d. de distribución.

36. El método de corrección y calificación de preguntas de discusión que se requiere leer todos los exámenes y luego releerlos para asignarle notas numéricas o letras, de acuerdo con los grupos que se hicieron de los exámenes, es el:

   a. analítico.
   b. integral.
   c. por puntos.
   d. de distribución.

Instruccional 3

37. **Las sugerencias para la corrección y calificación de una pregunta de discusión y el método que seleccionamos para corregirlos nos permiten ser más:**

    a. objetivos.
    b. justos.
    c. subjetivos.
    d. apropiados.

38. **Es preferible usar expresiones como: compare, critique, analice, resuma, etc. en una pregunta de discusión, porque:**

    a. el término discuta es muy general y carece de dirección.
    b. éstas deben ser de poca discusión.
    c. éstas deben medir logros que no pueden ser medidos en pruebas objetivas.
    d. pueden resultar ambiguas.

39. **Los maestros utilizan las pruebas de ensayo porque:**

    a. ofrecen libertad de expresión a los estudiantes.
    b. dan una visión completa del conocimiento de los estudiantes.
    c. son útiles para evaluar los niveles superiores del área cognoscitiva de análisis, síntesis y evaluación.
    d. dan oportunidad de poner en práctica las destrezas gramaticales y de composición.

40. **Si fuésemos a resumir lo que se debe conocer sobre las pruebas subjetivas, se tiene que decir que hay:**

    a. dos tipos de preguntas.
    b. la pregunta estructurada y la no estructurada.
    c. que saber cómo redactar las preguntas, corregirlas y calificarlas.
    d. que seguir los principios de elaboración y las sugerencias de corrección y calificación.

Bibliografía

Bibliografía

Arengo, R. (2006). Group projects and group grading: Work in progress. Recuperado el 18 de febrero de 2009, de http://www.. evergreen.edu/washcenter/resources/acl/b5.html

Berry, K.(2006) Faculty and student perceptions of the peer evaluation process. Online Teaching Center. Recuperado el 19 de febrero de 2009, dehttp://college.hmco.com/accounting/resources/instructors/air fall_1999/berry.html

Carreño, H. F. (1980). Instrumentos de medición de rendimiento escolar. México: Editorial Trillas.

Castillo , S. y Cabrerizo, J. (2003). Evaluación educativa y promoción escolar. Madrid: Pearson Educación, S. A.

Cirino, G. (1984). Introducción al desarrollo de pruebas escritas. Río Piedras: Editorial Bohio. Clásico local.

Covarrubias Guerrero, G. (2005). El perfil del alumno y del tutor en los sistemas abiertos y a distancia. Recuperado el 19 de febrero de 2009, de http://contexto-educativo.com.ar/2000/11/nota-05.htm

Dawson, M. (2005, Mar- April) Are they really learning what we' are teaching? Jounal of College Science, 34 (5), 32.

Fabré Contreras, M. (2007). Para aprender major. Una estrategia didáctica para contribuir a una mejor y mayor aprendizaje. España: Colección: Educación.

Gitomer, D. H. (2009). Measurement issues and assessment for teaching quality. Princeton,N.J. :SAGE Publications,Inc.

Goodrich, H. (2006). Understanding Rubrics. Educational Leadership, 54 (4), 1-20.

González de Guzmán, J. (1983). La construcción de pruebas. Puerto Rico: Editorial Edil, Inc.

Green, J.A. (1977). Las pruebas ideadas por el maestro. Buenos Aires: Editorial Kapelusz.

Gronlund, N. E. (1977). Elaboración de tests de aprovechamiento. México: Editorial Trillas (Clásico).

Hagelgans, N. L. (2006). Combining individual and group evaluations. Recuperado el 26 de agosto de 2006, de http://www.maa.org/SAUM/maanotes49/

Jonson, B. & Christensen, L. (2008). Educational research. University of South Alabama :SAGE Publications, Inc.

Joubert, D., & Lee, T. (2007). Empowering Your Institution through Assessment. Journal of the Medical Library Association, (95), 46-53.

Kiger, D. (2005, Spring). Group Test – taking environment on standardized achievement test scores: A randomized block field trial American Secondary Education 33 (2), 63-73.

Liu, X. (2009). Essential of scince classroom assessment. The State University of New York SAGE Publications, Inc.

Marrero, R. Alonso, M. (2005, enero 22). Rúbricas. Recuperado el 17 de noviembre de 2006, de http: // www.Presentaciones /PDF/ rubricas-raulmarrero,mayalonso.pdf

Medina M.& Verdejo A. (2008). Evaluación del aprendizaje. Puerto Rico: Isla Negra Editores. Neely, T. Y. (2006). Information Literacy Assessment: Standards-based Tools and Assignments. Chicago: American Library Association. Oaten, M. y Cheng, K. (2005, March) Academic examination stress impairs self- control Journal of Social and Clinical Psychology, 24 (2)254.

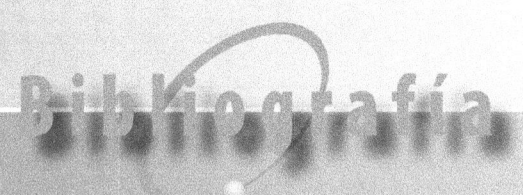

Bibliografía

Pérez, M.E. (2005). Una medición de la autoevaluación. [En línea]. Recuperado el 19 de febrero de 2009, dehttp://www.mty.itesm.mx/rectoria/dda/rie16/rie12htm

Petrulis, B. (2006) Grading in collaborative classrooms. Recuperado el 25 de febrero de 2009, de http://www.evergreen.edu/washcenter/resources/acl/bl.html

Piscoya Hermoza, L. (2008). Pruebas PISA Niveles de desempeño y construcción de pruebas Educandos Recuperado el 19 de febrero de 2009, de http://educandos.es.tl/Pruebas-Pisa-NIVELES-DE-DESEMPED1O-Y-CONSTRUCCID3N-DE-PREGUNTAS-.htm?PHPSESSID=e14d1256379f9f95107094d0f0d6cbb2

Radcliff, C. J. et al. (2007). A Practical Guide to Information Literacy Assessment for Academic Librarians. Westport, CT: Libraries Unlimited.

Raposo Rivas, M. et. al. (2002). Teoría y práctica para la elaboración de programaciones de aula ¿ Cómo hacemos una unidad didáctica?. Santiago de Compostela Editorial Tércielo Ediciones, S.L.

Repáraz , C. (2008). La construcción de pruebas objetivas. España: Universidad de Navarra. Servicio de Innovación Educativa.

Rodríguez – Irlanda D. (2007). Medición, ¨assessment ¨ y evaluación del aprovechamiento académico. Puerto Rico: Publicaciones puertorriqueñas editores.

Scott, W. (2007). The Teaching Library: Approaches to Assessing Information Literacy Instruction. Binghamton, NY: Haworth Information.

Torres, J.C. (2007). Una tripe alianza para un aprendizaje universitario. Madrid:Editorial Universidad de Comillas.

Vera, L. (2007). Medición, ¨Assessment¨ y evaluación del aprendizaje. Puerto Rico: Publicaciones puertorriqueñas Editores.

Warner, D.. (2008). A Disciplinary Blueprint for the Assessment of Information Literacy. Westport, CT: Libraries Unlimited.

Wright, R. (2008). Educational assessment. Widener University: Sage Publications, Inc.

www.ingramcontent.com/pod-product-compliance
Lightning Source LLC
Chambersburg PA
CBHW080207250426
43668CB00050B/2286